AF193010

ÍNDICE

PÁG.

PRÓLOGO 9
INTRODUCCIÓN 13

PRIMERA PARTE

LAS CIENCIAS MATEMÁTICAS

Capítulo   I. La intuición y la lógica en matemáticas 19
,,   II. La medida del tiempo.............. 33
,,   III. La noción de espacio.............. 45
,,   IV. El espacio y sus tres dimensiones..... 68

SEGUNDA PARTE

LAS CIENCIAS FÍSICAS

Capítulo   V. El análisis y la física............... 93
,,   VI. La astronomía..................... 104
,,   VII. La historia de la física matemática... 112
,,   VIII. La crisis actual de la física matemática 117
,,   IX. El porvenir de la física matemática.. 130

TERCERA PARTE

EL VALOR OBJETIVO DE LA CIENCIA

CAPÍTULO   X. ¿Es artificial la Ciencia?............ 137
,,   XI. La ciencia y la realidad............ 157

HENRI POINCARÉ

EL VALOR DE LA CIENCIA

TRADUCCIÓN DIRECTA DEL ORIGINAL FRANCÉS
PRÓLOGO Y NOTAS DE
ALFREDO B. BESIO Y JOSÉ BANFI

Segunda edición

ESPASA - CALPE ARGENTINA, S. A.
BUENOS AIRES - MÉXICO

© de la presente edición
   del 2026:

Editorial Gráficas Maxtor
   Fray Luis de León, 20
   47002 Valladolid (España)
   +34 983 090 110
   info@graficasmaxtor.es
   www.graficasmaxtor.es

I.S.B.N. 978-84-1171-143-2
depósito legal: DL VA 171-2026

P R Ó L O G O

La pensée n'est qu'un éclair au
[milieu d'une longue nuit
Mais c'est cet éclair qui est tout.

El comienzo de nuestro siglo señala un apreciable renacer del pensamiento filosófico, que el naturalismo cientificista del siglo XIX había intentado relegar a la categoría de las tradiciones históricas. En desquite, la nueva posición filosófica, investigadora apasionada de una problemática enriquecida por renovados aspectos de la cultura humana y de la vida en alucinante transformación, se habrá de caracterizar por un franco espíritu de lucha contra aquella llamada filosofía científica.

Frente a la amenaza de ser convertida en algo innecesario, la filosofía se orientó hacia la teoría del conocimiento científico. Ya en los años finiseculares, las cuestiones relativas a los fundamentos y a la metodología de las ciencias, atrajeron la atención de los pensadores y de los hombres de ciencia más destacados, ante quienes nuevos hechos y nuevas teorías hacían indispensable una revisión de las estructuras.

La nueva tendencia filosófica se manifiesta por un retorno, por diversas vías, a la doctrina de Kant, y en un desarrollo de las actividades de la «crítica de la ciencia», objeto directo de la atención de figuras cumbres de la misma investigación científica.

«El análisis epistemológico conduce aquí, incluso dentro del propio campo de las ciencias exactas, a un quebrantamiento del dogmatismo de la ciencia y, con ello, de la filosofía trascendental cientificista y racionalista, así como del naturalismo de la concepción científica del mundo», dice H. Heimsoeth. Y agrega que también dicho análisis muestra «la espontaneidad creadora del espíritu como la fuente originaria de todas las formas y métodos de las ciencias». Pero como «ensayo que progresa en hipótesis y comprobaciones», que «cambia siempre los puntos de partida e incluso los fundamentos, para aprisionar en conceptos, una parte de las estructuras de la realidad». Las formas del saber científico son libremente escogidas por la conciencia, ya que son diversas las teorías y las hipótesis aptas para interpretar la realidad, y su aceptación por el sabio sólo depende de los fines que persiga.

Continuando por la senda iniciada en el siglo XIX por las reflexiones de Helmholtz, Hertz, Kirchhoff, Mach, etc., esta labor científica se desarrolla en Francia con Poincaré, Duhem, Milhaud, Hannequin, etc.; en Inglaterra harán importantes aportes Whitehead, Russell, Eddington, y más próximo al positivismo, el Círculo de Viena proseguirá hasta nuestros días una labor semejante, aunque de mayores pretensiones filosóficas. H. Poincaré ocupa entre ellos un lugar destacado por su incuestionable autoridad científica, puesta al servicio de la meditación incesante de su propio quehacer.

En 1894, en la «Revue de Deux Mondes», su director, Ferdinand Brunetière, impresionado quizás por la inestabilidad de las teorías científicas, había proclamado estridentemente la «bancarrota de la ciencia». Con la «Science et l'hypothèse» (1902), Poincaré muestra que ese «escepticismo superficial» era el fruto obligado de una ignorancia completa «del papel y del objeto de las teorías científicas». Porque «ahora como antes, ellas siempre nos enseñan únicamente que hay cierta relación entre un algo y otro algo», y cuando substituimos una por otra sólo son las denominaciones de aquéllos las que cambian. «Esas denominaciones no son sino imágenes substitutas de los objetos reales que la naturaleza nos ocultará eternamente. Las relaciones verdaderas entre esos objetos reales son la única realidad que podríamos alcanzar; si esas relaciones nos son conocidas, nada importa que juzguemos cómodo reemplazar una imagen por otra». Poincaré se sentirá tan lejos de aquel cientificismo cándido como del agnosticismo rotundo: «a aquéllos que encuentren demasiado restringido el dominio accesible al sabio habrá que responderles que esas cuestiones vedadas no sólo son insolubles; son ilusorias y desprovistas de sentido».

En la concepción de Poincaré acerca de la ciencia, la hipótesis es imprescindible; toda su obra es una argumentación encaminada a probarlo. Pero debe ser siempre sometida a la verificación, y si el resultado es negativo, habrá que abandonarla, porque en definitiva «la experiencia es la única fuente de la verdad; sólo ella puede enseñarnos algo nuevo, sólo ella puede darnos la certeza». Por eso la hipótesis, aunque producto de la libre actividad del espíritu, no puede ser arbitraria; si se la impone a la ciencia — de ningún modo a la naturaleza — es porque la misma experiencia ha demostrado su fecundidad.

Sin embargo, a principios de siglo, E. Le Roy, en la «Revue de Métaphysique et de Morale», generaliza arbitrariamente el carácter de libre convención de los principios fundamentales de la actividad científica, y llega a expresar que la ciencia es una creación artificial del sabio.

A combatir la posición negativa de este nuevo aspecto del nominalismo ha dedicado Poincaré la obra que hoy traducimos. «La Valeur de la Science» *(1905), es un vigoroso alegato en pro de la discutida objetividad de la ciencia que* «debe buscarse solamente en las relaciones establecidas entre los objetos, nunca en los seres considerados aisladamente». «Decir que la ciencia no puede tener valor objetivo porque no nos puede enseñar más que esas relaciones, es razonar al revés, puesto que precisamente son esas relaciones las únicas que pueden considerarse objetivas.»

Cuando una teoría científica pretende alcanzar la verdadera naturaleza de las cosas, está condenada irremisiblemente al fracaso. Sólo una razón de comodidad en la interpretación de los hechos, es lo que puede decidir al sabio en su elección.

Por este criterio seguido en la elección de las teorías científicas, algunos han querido ver en Poincaré a un pragmatista en potencia, olvidando que su actividad espiritual desbordó siempre el dominio de la acción práctica. E. Boutroux, que lo conoció ampliamente, ha podido expresar que: «Henri Poincaré ha enseñado a la humanidad que la ciencia no es ni será jamás una cosa hecha, ni explícita ni virtualmente; que en sus fuentes está vinculada al arte, porque la verdad es, en última instancia, armonía y belleza; que el espíritu, sin el cual no se conciben lo verdadero y lo bueno; es una realidad viva y eficiente; y que la justicia y la bondad, que él posee en no menor grado que los principios de la verdad y de la belleza, son, con el mismo derecho que la ciencia y en íntima conexión con ella, los fines que se imponen a nuestra actividad». *Las páginas que siguen nos lo mostrarán elocuentemente.*

A. B. B. y J. B.

INTRODUCCIÓN

La búsqueda de la verdad debe ser el objeto de nuestra actividad; es el único fin digno de ella. En primer lugar, sin duda debemos esforzarnos por aliviar los sufrimientos humanos, pero, ¿por qué? No sufrir es un ideal negativo que sería alcanzado con más seguridad por el aniquilamiento del mundo. Si queremos librar, cada vez más, al hombre de sus preocupaciones materiales, es para que pueda emplear su libertad reconquistada en el estudio y la contemplación de la verdad.

Sin embargo, en algunas oportunidades la verdad nos asusta. En efecto, sabemos que a veces es engañosa; que es un fantasma que sólo se nos muestra un instante para huir sin cesar; que es necesario perseguirla más lejos y siempre más lejos, sin poder alcanzarla jamás. Y, sin embargo, para obrar es preciso detenerse, ἀνάγκη στῆναι, como ha dicho no sé qué griego, Aristóteles u otro. Sabemos, además, cuán cruel es a menudo, y nos preguntamos si la ilusión no sólo es más consoladora, sino también más fortificante, pues es quien nos infunde confianza. Cuando haya desaparecido, ¿nos quedarán esperanzas y tendremos el valor de actuar? Ocurre como con el caballo, que enganchado a una noria se negaría seguramente a avanzar, si no se tuviera la precaución de vendarle los ojos. Por otra parte, para buscar la verdad es necesario ser independiente, completamente independiente. Al contrario, si queremos obrar, si queremos ser fuertes, es menester que estemos unidos. He aquí por qué muchos se horrorizan de la verdad; la consideran como una causa de debilidad. No obstante, es necesario no temer a la verdad, porque sólo ella es bella.

Cuando hablo aquí de la verdad, quiero hablar, sin duda, en primer término de la verdad científica, pero también de la verdad moral, de la cual lo que se llama justicia no es más que uno de los aspectos. Parece que abuso de las palabras, que reúno con un mismo nombre dos cosas que no tienen nada de común; que la verdad científica, que se demuestra, no puede, de ningún modo, aproximarse a la verdad moral, que se siente.

Sin embargo, no puedo separarlas, y quienes gusten de una no pueden dejar de gustar de la otra. Para encontrar una, como para hallar a la otra, es menester esforzarse en librar completamente al espíritu del prejuicio y de la pasión, es necesario alcanzar la absoluta sinceridad. Una vez descubiertas, estas dos clases de verdades nos producen la misma alegría; ambas, desde que se las advierte, brillan con el mismo fulgor, de modo que hay que verlas o cerrar los ojos. Ambas, en fin, nos atraen y nos huyen; no están nunca fijas, y cuando se cree haberlas alcanzado, se ve que es necesario andar todavía, y aquél que las persigue está condenado a no conocer jamás el reposo.

Debemos agregar que aquellos que tienen miedo de una, también tienen miedo de la otra, pues son los que en todas las cosas se preocupan ante todo por las consecuencias. En una palabra, reúno las dos verdades porque las mismas razones nos las hacen querer y las mismas razones nos las hacen temer.

Si no debemos tener miedo de la verdad moral, con mayor razón es necesario no temer la verdad científica. En primer lugar, ella no puede estar en conflicto con la moral. La moral y la ciencia tienen sus dominios propios, que se tocan pero que no se penetran. Una nos muestra a qué blanco debemos apuntar; la otra, dado el blanco, nos hace conocer los medios para alcanzarlo. Nunca pueden, pues, oponerse, porque no pueden encontrarse. No puede haber, por eso, ciencia inmoral, como no puede haber moral científica.

Pero si se tiene miedo de la ciencia es, sobre todo, porque no puede darnos la felicidad, y uno puede preguntarse si la bestia no sufre menos que el hombre. Pero, ¿debemos añorar ese paraíso terrenal donde el hombre, semejante al bruto, era verdaderamente inmortal, porque no sabía que se debe morir? Cuando se ha gustado la manzana, ningún sufrimiento puede hacer olvidar el sabor y a ella se vuelve siempre. ¿Podría ser de otro modo? Es lo mismo que preguntar si el que ha visto, puede volverse ciego y no sentir nostalgia de la luz. Tampoco el hombre puede ser feliz por la ciencia, pero hoy puede serlo mucho menos sin ella.

Mas si la verdad es el único fin que merece ser perseguido, ¿podemos esperar alcanzarlo? He aquí lo que está permitido dudar. Los lectores de mi librito sobre *La ciencia y la hipótesis* ([1]), ya saben lo que pienso acerca de ello. La verdad que nos es posible vislumbrar, no es enteramente lo que la mayoría de los hombres designa con ese nombre. ¿Es decir que nuestra aspiración más legítima e imperiosa es, al mismo tiempo, la más vana? Y a pesar de todo, ¿podemos aproximarnos a la verdad por algún lado? Esto es lo que conviene examinar.

En primer lugar, ¿de qué instrumento disponemos para esta conquista? La inteligencia del hombre o, para ser más justos, la inteligencia del sabio, ¿no es susceptible de una variedad infinita? Se podría, sin agotar este tema, escribir muchos volúmenes; no he hecho más que tratarlo someramente en algunas cortas páginas. Todos convendrán en que el espíritu del matemático se parece poco al del físico o al del naturalista, pero los mismos matemáticos no se parecen entre sí; unos no conocen más que la lógica inexorable, otros apelan a la intuición y ven en ella la fuente única del descubrimiento. Y esto sería un motivo de desconfianza. A espíritus tan dispares, ¿podrán aparecer con igual claridad, los mismos teoremas matemáticos? La verdad que no es la misma para todos, ¿es la verdad? Pero mirando las cosas de más cerca, vemos cómo estos

([1]) H. POINCARÉ, *La ciencia y la hipótesis* (Espasa-Calpe Argentina, vol. 379 de la Colección Austral).

obreros tan diferentes colaboran en una obra común que no podría concluirse sin su concurso. Y esto ya nos tranquiliza.

En seguida, es necesario examinar los marcos en que nos parece encerrada la naturaleza, y que llamamos tiempo y espacio. En *La ciencia y la hipótesis* (²), ya he mostrado cuán relativo es su valor; no es la naturaleza quien nos los impone, somos nosotros quienes los imponemos a la naturaleza porque los encontramos cómodos; pero, apenas he hablado únicamente del espacio, y sobre todo del espacio cuantitativo, por decirlo así; esto es, de las relaciones matemáticas cuyo conjunto constituye la geometría. Era necesario mostrar que ocurre con el tiempo lo mismo que con el espacio, y que aun ocurre lo mismo que con el «espacio cualitativo». En particular, era menester investigar por qué atribuímos tres dimensiones al espacio. Se me perdonará, pues, haber retornado una vez más a estas importantes cuestiones.

Entonces, el análisis matemático, cuyo objeto principal es el estudio de estos cuadros vacíos, ¿no es más que un vano juego del espíritu? Él no puede dar al físico sino un lenguaje cómodo; ¿no es éste un mediocre servicio del cual, en rigor, se habría podido prescindir? Asimismo, ¿no hay que temer que ese lenguaje artificial sea un velo interpuesto entre la realidad y el ojo del físico? Lejos de ello, sin ese lenguaje la mayoría de las íntimas analogías de las cosas nos habría permanecido para siempre desconocida y habríamos ignorado en todo momento la armonía interna del mundo que es, lo veremos, la única realidad objetiva.

La mejor expresión de esta armonía es la ley. La ley es una de las conquistas más recientes del espíritu humano; hay todavía pueblos que viven en un milagro permanente y que no se sorprenden de ello. Por lo contrario, somos nosotros los que deberíamos asombrarnos de la regularidad de la naturaleza. Los hombres piden a sus dioses que *prueben* su existencia con mila-

(²) Op. cit. Cap. V, VI, VII.

gros, mas la eterna maravilla es que no haya incesantemente milagros. Por eso el mundo es divino, puesto que por eso es armonioso. Si fuera regido por el capricho, ¿qué nos probaría que no lo es por el azar? A la astronomía debemos esta conquista de la ley, y eso es lo que hace la grandeza de esta ciencia, más aún que la grandeza material de los objetos que considera.

Era, pues, muy natural que la mecánica celeste fuese el primer modelo de la física matemática, pero después esta ciencia ha evolucionado, evoluciona todavía y, asimismo, evoluciona rápidamente. Ya es necesario modificar en algunos puntos el cuadro que tracé en 1900, del que he sacado dos capítulos de *La ciencia y la hipótesis* (³). En una conferencia pronunciada en la Exposición de San Luis, en 1904, he procurado medir el camino recorrido; cuál ha sido el resultado de esta investigación es lo que el lector verá más adelante.

Los progresos de la ciencia han parecido poner en peligro los principios mejor establecidos, los mismos que eran estimados como fundamentales. Nada prueba, sin embargo, que no se llegará a salvarlos, y si eso no se logra más que imperfectamente, transformándose, subsistirán todavía. No se debe comparar la marcha de la ciencia con las transformaciones de una ciudad, donde los edificios antiguos son despiadadamente derruídos para dejar lugar a las nuevas construcciones, sino con la evolución continua de los tipos zoológicos que se desarrollan sin cesar y acaban por volverse desconocidos para las miradas vulgares, pero donde un ojo ejercitado reconoce siempre las huellas del trabajo anterior de los siglos pretéritos. No debemos creer, pues, que las teorías pasadas de moda han sido estériles y vanas.

Si nos detuviéramos ahí, encontraríamos en estas páginas algunas razones para tener confianza en el valor de la ciencia, pero otras mucho más numerosas nos hacen desconfiar; nos quedaría una impresión de

---

(³) Op. cit. Cap. X. Además, ver más adelante Cap. IX, El porvenir de la física matemática.

duda; ahora es menester volver a poner las cosas en su lugar.

Algunos han exagerado el papel de la convención en la ciencia; hasta han llegado a decir que la ley, que el hecho científico mismo, eran creados por el sabio. Eso es ir demasiado lejos por el camino del nominalismo. No, las leyes científicas no son creaciones artificiales; no tenemos ninguna razón para considerarlas como contingentes, aunque nos sea imposible demostrar que no lo son.

¿Existe fuera de la inteligencia humana esa armonía que ella cree descubrir en la naturaleza? No, sin duda; una realidad completamente independiente del espíritu que la concibe, la ve o la siente, es un imposible. Un mundo tan exterior como ése, aun si existiera, nos sería inaccesible para siempre. Pero lo que llamamos realidad objetiva es, en último análisis, lo común a muchos seres pensantes, y podría serlo a todos. Esta parte común, lo veremos, no puede ser más que la armonía expresada por las leyes matemáticas.

Esta armonía, que es la única realidad objetiva, es, pues, la única verdad que podríamos alcanzar, y si agrego que la armonía universal del mundo es la fuente de toda belleza, se comprenderá qué valor debemos atribuir a los lentos y penosos progresos que, poco a poco, nos la hacen conocer mejor.

PRIMERA PARTE

LAS CIENCIAS MATEMÁTICAS

Capítulo I

La intuición y la lógica en matemáticas

I. Es imposible estudiar las obras de los grandes matemáticos, y aun las de los pequeños, sin observar y sin distinguir dos tendencias opuestas o, más bien, dos clases de espíritus enteramente diferentes. Unos están preocupados, ante todo, por la lógica; al leer sus trabajos, se siente la tentación de creer que no han avanzado sino paso a paso, con el método de un Vauban que lleva adelante sus trabajos de acceso a una fortaleza, sin abandonar nada al azar. Los otros se dejan guiar por la intuición y, desde el primer momento, hacen conquistas rápidas, pero a veces precarias, como osados caballeros de vanguardia.

No es la materia que tratan la que les impone uno u otro método. Si de los primeros se dice, a menudo, que son *analistas*, y si se llama *geómetras* a los otros, esto no impide que unos permanezcan analistas aun cuando estudien geometría, mientras que los otros son todavía geómetras, aun cuando se ocupen de análisis puro. Es la propia naturaleza de sus espíritus quien los hace lógicos o intuitivos, y no pueden despojarse de ella cuando abordan un asunto nuevo.

Tampoco es la educación quien ha desarrollado en ellos una de las dos tendencias y ha sofocado a la otra. Se nace matemático, pero no se llega a serlo, y parece también que se nace geómetra o que se nace analista.

Yo querría citar algunos ejemplos y por cierto que ellos no faltan, mas para acentuar el contraste quisiera comenzar con algún ejemplo extremo; perdónesenos si me veo obligado a buscarlo en dos matemáticos vivientes.

Méray (4) quiere demostrar que una ecuación binomia tiene siempre una raíz o, en términos corrientes,

---

(4) C. MÉRAY (1835-1911), se dedicó especialmente al análisis de los principios fundamentales de la geometría (*V. Nouveaux Éléments de Géometrie*, París, 1874).

que siempre se puede subdividir un ángulo. Si hay una verdad que creemos conocer por intuición directa, es justamente ésta. ¿Quién duda que un ángulo puede ser dividido siempre, en un número cualquiera de partes iguales? Méray no lo juzga así; a sus ojos, esta proposición no es, de ningún modo, evidente, y para demostrarla le son necesarias muchas páginas.

Ved al contrario a Klein ([5]) : estudia una de las cuestiones más abstractas de la teoría de las funciones; se trata de saber si sobre cierta superficie de Riemann, existe siempre una función que admite singularidades dadas. ¿Qué hace el célebre matemático alemán? Reemplaza su superficie de Riemann por una superficie metálica, cuya conductibilidad eléctrica varía según ciertas leyes. Pone dos de sus puntos en comunicación con los dos polos de una pila. La corriente, dice, tendrá que pasar y la forma cómo esta corriente sea distribuída sobre la superficie, definirá una función cuyas singularidades serán precisamente las que están previstas por el enunciado.

Sin duda, Klein sabe bien que ahí no ha hecho más que una estimación aproximada; sin embargo, no ha vacilado en publicarla. Probablemente creía encontrar en ello, si no una demostración rigurosa, por lo menos no sé qué certeza moral. Un lógico habría rechazado con horror una concepción semejante o, más bien, no habría tenido que rechazarla, pues nunca habría podido nacer en su mente.

Permitidme, además, comparar a dos hombres que honran a la ciencia francesa; nos han sido recientemente arrebatados, pero desde hace mucho tiempo habían entrado en la inmortalidad. Quiero hablar de Bertrand ([6]) y de Hermite ([7]). Han sido alumnos de la misma escuela, han recibido la misma educación, las

---

([5]) F. KLEIN (1849-1925), notable matemático, autor del famoso *Programa de Erlangen,* origen de la moderna sistematización de la geometría basada en la teoría de los grupos. En español puede consultarse provechosamente su obra, «*La matemática elemental desde un punto de vista superior*».

([6]) J. BERTRAND (1822-1900), fué autor de tratados clásicos de aritmética y álgebra, y profesor de Poincaré en la Escuela Politécnica de París.

([7]) C. HERMITE (1822-1901), analista fecundo con notables trabajos en la teoría de los números y en álgebra, cuyos estudios permitieron a Poincaré desarrollar su creación de las funciones automorfas.

mismas influencias y, sin embargo, qué divergencia. No solamente se manifiesta en sus escritos, sino en sus enseñanzas, en sus maneras de hablar, en sus aspectos mismos. En la memoria de todos sus discípulos, estas dos fisonomías se han grabado con trazos imborrables; para todos los que han tenido la dicha de seguir sus lecciones, este recuerdo es todavía muy reciente y no es fácil evocarlo.

Mientras habla, Bertrand está siempre en acción; ora parece discutir con algún enemigo exterior, ora *dibuja con un ademán las figuras que estudia.* Evidentemente, él ve y trata de describir; por eso llama al ademán en su auxilio. Con Hermite ocurre todo lo contrario; sus ojos parecen huir del contacto con el mundo. No es fuera, es dentro donde busca la visión de la verdad.

Entre los geómetras alemanes de este siglo, dos nombres especialmente son ilustres: los de los dos sabios que han creado la teoría general de las funciones, Weierstrass (⁸) y Riemann (⁹). Weierstrass reduce todo a la consideración de series y a sus transformaciones analíticas; mejor dicho, reduce el análisis a una especie de prolongación de la aritmética. Se pueden recorrer todos sus libros sin hallar una figura. Riemann, por lo contrario, pide ininterrumpidamente auxilio a la geometría; cada una de sus concepciones es una imagen que nadie puede olvidar desde que ha comprendido su sentido.

Algo más tarde, Lie (¹⁰) ha sido un intuitivo; se habría podido vacilar leyendo sus trabajos, no se vacilaba más después de haber conversado con él; se veía en seguida que pensaba con imágenes. La Kowalevski (¹¹) era una lógica.

En nuestros estudiantes observamos las mismas dife-

(⁸) K. WEIERSTRASS (1815-1897), matemático alemán, a quien se debe el desarrollo riguroso de la teoría de las funciones en forma puramente analítica.

(⁹) B. RIEMANN (1826-1866) hizo notables trabajos en teorías de funciones y en topología; su famosa memoria *Uber die Hypothesen welche der Geometrie zu Grundeliegen* ha originado la geometría elíptica no euclidiana que lleva su nombre.

(¹⁰) S. LIE (1842-1899), noruego, hizo importantes trabajos sobre los grupos continuos de transformaciones, siendo famoso su teorema sobre el número de geometrías posibles.

(¹¹) S. KOWALESKI (1842-1899), rusa; se dedicó al análisis y la física matemática. Es célebre su memoria: *Sur un cas particulier du problème de la rotation d'un corp pesant autour d'un point fixe.*

rencias; unos prefieren tratar sus problemas «por el análisis», otros por «la geometría». Los primeros son incapaces de ver en el espacio, los otros pronto se cansarían de los largos cálculos y se embrollarían en ellos. Las dos clases de espíritus son igualmente necesarios para el progreso de la ciencia; los lógicos, como los intuitivos, han hecho grandes cosas que los otros no hubieran podido hacer. ¿Quién osaría decir que preferiría que Weierstrass no hubiese existido nunca, o que preferiría que no hubiese habido un Riemann? Ambos, el análisis y la síntesis, tienen, pues, su papel legítimo. Pero es interesante estudiar de más cerca cuál es la parte que le corresponde a cada uno en la historia de la ciencia.

II. Cosa curiosa. Si releemos la obra de los antiguos, sentiremos la tentación de clasificar a todos entre los intuitivos. Y, sin embargo, la naturaleza es siempre la misma; es poco probable que haya comenzado en este siglo a crear espíritus amigos de la lógica.

Si pudiéramos volver a colocarnos en la corriente de ideas que imperaban en su tiempo, reconoceríamos que muchos de esos viejos geómetras eran analistas por sus tendencias. Euclides (^{12}), por ejemplo, ha elevado un sabio andamiaje en el que sus contemporáneos no podían encontrar defectos. En esta vasta construcción, cada una de cuyas piezas es debida, sin embargo, a la intuición, podemos, todavía hoy, reconocer sin demasiados esfuerzos, la obra de un lógico.

No son los espíritus quienes han cambiado, son las ideas. Los espíritus intuitivos han permanecido los mismos, pero sus lectores han exigido de ellos más concesiones.

¿Cuál es la razón de esta evolución?

No es difícil descubrirla. La intuición no puede darnos el rigor ni aun la certeza; se ha advertido esto cada vez más.

Citemos algunos ejemplos. Sabemos que existen funciones continuas desprovistas de derivadas. Nada más chocante para la intuición que esta proposición que nos

(^{12}) EUCLIDES (315-225 a. J.C.), cuya obra en 13 libros: «Elementos», constituye la primera sistematización de la matemática. Esta obra clásica del pensamiento humano se ha perpetuado a través de los siglos y lo ha hecho famoso.

es impuesta por la lógica. Nuestros padres no hubieran dejado de decir: «Es evidente que toda función continua tiene una derivada, puesto que toda curva tiene una tangente».

¿Cómo puede engañarnos la intuición hasta ese punto? Porque cuando procuramos imaginar una curva, no podemos representárnosla sin espesor; lo mismo, cuando nos representamos una recta, la vemos bajo la forma de una faja rectilínea de un cierto ancho. Bien sabemos que estas líneas no tienen espesor; nos esforzamos en imaginarlas cada vez más delgadas y en acercarnos así al límite; lo logramos en una cierta medida, pero jamás alcanzaremos este límite.

Y entonces está claro que siempre podremos representarnos estas dos cintas estrechas, una rectilínea, la otra curvilínea, en una posición tal que avancen levemente una sobre otra, sin atravesarse.

De este modo, seremos inducidos, a menos de ser advertidos por un análisis riguroso, a concluir que una curva tiene siempre una tangente

Consideraré, como segundo ejemplo, el principio de Dirichlet, en el que se fundan tantos teoremas de física matemática; hoy se lo establece por razonamientos muy rigurosos pero muy largos; antes, por el contrario, uno se contentaba con una demostración sumaria. Una cierta integral, dependiente de una función arbitraria, no puede anularse nunca. De ello se concluía que debía tener un mínimo. El defecto de este razonamiento aparece inmediatamente, porque empleamos el término abstracto «función» y estamos familiarizados con todas las singularidades que puedan presentar las funciones, cuando se entiende esta palabra en el sentido más general.

Pero no sería lo mismo si nos hubiéramos servido de imágenes concretas y, por ejemplo, se hubiera considerado esta función como un potencial eléctrico; se habría podido creer legítimo afirmar que el equilibrio electrostático puede ser alcanzado. Sin embargo, quizás, una comparación física habría despertado algunas vagas desconfianzas. Pero si se hubiera tenido cuidado de traducir el razonamiento al lenguaje de la geometría, intermediario entre el del análisis y el de la física, estas desconfianzas no se hubieran producido, sin duda, y tal vez, de este modo, se podría aún hoy engañar todavía a muchos lectores no prevenidos.

La intuición no nos da, pues, la certeza. He ahí por qué la evolución debía realizarse. Veamos ahora cómo se ha hecho.

No se ha tardado en advertir que el *rigor* no podía introducirse en los razonamientos, si primero no se lo hacía entrar en las definiciones.

Por mucho tiempo, los asuntos de que se ocupan los matemáticos, estuvieron, en su mayoría, mal definidos; se los creía conocer porque se los representaba con los sentidos o la imaginación, pero no se tenía de ellos más que una imagen grosera y no una idea precisa en la cual pudo tener asidero el razonamiento.

Hacia allí es adonde los lógicos han debido dirigir primero sus esfuerzos.

Por ejemplo, para el número inconmensurable (¹³).

La vaga idea de continuidad, que debíamos a la intuición, se ha resuelto en un complicado sistema de desigualdades establecidas con números enteros.

Por ahí, las dificultades provenientes de los pasajes al límite o de las consideraciones de los infinitésimos, han podido ser definitivamente aclaradas.

Hoy no quedan en análisis más que números enteros o sistemas finitos o infinitos de números enteros, ligados entre sí por una red de relaciones de igualdad o desigualdad.

Las matemáticas, como se ha dicho, se han aritmetizado.

III. Una primera cuestión se plantea: ¿ha terminado esta evolución?

¿Hemos alcanzado, por fin, el rigor absoluto? En cada estadio de la evolución, también nuestros antepasados creían haberlo alcanzado. Si ellos se engañaban, ¿no nos engañaremos nosotros como ellos?

Creemos no hacer más llamadas a la intuición en nuestros razonamientos; los filósofos nos dirán que ésa es una ilusión. La lógica enteramente pura, no nos conducirá nunca más que a tautologías; no podría crear

---

(¹³) Llamado más frecuentemente *irracional*. Se lo define por cortaduras (Dedekind), por clases contiguas (Cantor) o por sucesiones monótonas convergentes.

nada nuevo. No es de ella, completamente sola, de donde pueda surgir ciencia alguna.

Esos filósofos tienen razón en un sentido; para construir la aritmética, como para construir la geometría o para edificar una ciencia cualquiera, es menester algo más que la lógica pura. Para designar ese algo, no tenemos otra palabra más que la de *intuición*. Pero, ¿cuántas ideas diferentes se esconden en esos mismos vocablos?

Comparemos estos cuatro axiomas:

1º Dos cantidades iguales a una tercera son iguales entre sí.

2º Si un teorema es verdadero para el número 1 y se demuestra que es verdadero para $n + 1$, siempre que lo sea para n, será verdadero para todos los números enteros.

3º Si sobre una recta, el punto C está entre A y B y el punto D entre A y C, el punto D estará entre A y B.

4º Por un punto sólo se puede trazar una paralela a una recta.

Los cuatro deben ser atribuídos a la intuición y, sin embargo, el primero es el enunciado de una de las reglas de la lógica formal, el segundo es un verdadero juicio sintético *a priori*, el tercero es una llamada a la imaginación, el cuarto es una definición disfrazada.

La intuición no está forzosamente fundada en el testimonio de los sentidos; éstos pronto se volverían impotentes. No podemos, por ejemplo, representarnos el kilógono y, no obstante, razonamos por intuición sobre los polígonos en general, que comprenden al kilógono como caso particular.

Vosotros sabéis lo que entendía Poncelet ([14]) *por principio de continuidad*. Lo que es cierto para una cantidad real, decía Poncelet, debe serlo para una cantidad imaginaria; lo que es cierto para la hipérbola, cuyas asíntotas son reales, debe ser cierto también para la elipse, cuyas asíntotas son imaginarias. Poncelet fué uno de los espíritus más intuitivos del siglo XIX; lo era apasionadamente, casi con ostentación. Consideraba al principio de continuidad como una de sus concep-

<hr/>

([14]) J. V. PONCELET (1788-1867), estableció las bases de la geometría proyectiva en su obra *Traité des propiétés des figures* (París-Metz, 1822), en la que la idea fundamental es el llamado principio de continuidad.

ciones más audaces y, sin embargo, ese principio se
fundaba en el testimonio de los sentidos; asimilar la
hipérbola a la elipse era más bien contradecir ese testimonio. No había allí más que una especie de generalización prematura e instintiva que, por otra parte, no
quiero prohibir.

Tenemos, pues, muchas clases de intuición; primeramente la llamada a los sentidos y a la imaginación;
después la generalización por inducción, calcada, por
decirlo así, sobre los procedimientos de las ciencias experimentales; tenemos, por fin, la intuición del número
puro, de donde ha salido el segundo de los axiomas que
enuncié hace un instante, y que puede engendrar el
verdadero razonamiento matemático.

Las dos primeras no pueden darnos la certeza, como
lo he mostrado más arriba con ejemplos, pero, ¿quién
dudará seriamente de la tercera?, ¿quién dudará de la
aritmética?

Ahora bien, en el análisis de hoy, cuando uno quiere
tomarse el trabajo de ser riguroso, no hay más que
silogismos o llamadas a esta intuición del número puro,
la única que no puede engañarnos. Se puede decir que
hoy se ha alcanzado al rigor absoluto.

IV. Los filósofos hacen todavía otra objeción: «Lo
que ganáis en rigor, dicen, lo perdéis en objetividad.
No podéis elevaros hacia vuestro ideal lógico sino cor-
tando los vínculos que os atan a la realidad. Vuestra
ciencia es impecable, pero sólo puede permanecer así,
encerrándose en una torre de marfil y prohibiéndose
toda relación con el mundo exterior. Será necesario
que salga de ella cuando quiera intentar la más insignificante aplicación».

Quiero demostrar, por ejemplo, que tal propiedad
pertenece a tal objeto, cuya noción primera me parece
indefinible, porque es intuitiva. Al principio fracaso
o debo contentarme con demostraciones aproximadas;
finalmente, me decido a dar una definición precisa de
mi objeto, lo que me permite establecer esta propiedad
de una manera irreprochable.

«¿Y después?, dicen los filósofos, aun queda por
mostrar que el objeto que responde a esa definición es
realmente el mismo que la intuición os ha hecho conocer, o, mejor aún, que tal objeto real y concreto, cuya

conformidad con vuestra idea intuitiva creéis reconocer inmediatamente, responde bien a vuestra definición. Solamente entonces podréis afirmar que goza de
la propiedad de que se trata. No habéis hecho más que
trasladar la dificultad».

Esto no es exacto; no se ha trasladado la dificultad:
se la ha fraccionado. La proposición que se trataba de
establecer, se componía en realidad de dos verdades
diferentes, pero que no se habían distinguido en el
primer instante. La primera era una verdad matemática, y ahora está rigurosamente establecida. La segunda era una verdad experimental. Sólo la experiencia
puede enseñarnos que tal objeto real y concreto, responde o no a tal definición abstracta. Esta segunda
verdad no es demostrada matemáticamente; tampoco
puede serlo, como no pueden serlo las leyes empíricas
de las ciencias físicas y naturales. Sería irrazonable
pedir más.

Y bien, ¿no significa un gran progreso haber distinguido lo que durante mucho tiempo se había confundido erróneamente?

¿Es decir que de esta objeción de los filósofos no
hay nada que pueda retenerse? No es esto lo que quiero
decir; al volverse rigurosa, la ciencia matemática toma
un carácter artificial que sorprenderá a todos; olvida
sus orígenes históricos; se ve cómo puede resolver las
cuestiones, pero ya no se ve cómo y por qué ellas se
plantean.

Esto nos muestra que la lógica no basta, que la ciencia de la demostración no es la ciencia entera y que la
intuición debe conservar su papel como complemento,
iba a decir como contrapeso o antídoto de la lógica.

Ya he tenido ocasión de insistir sobre el lugar que
debe conservar la intuición en la enseñanza de las ciencias matemáticas. Sin ella, los espíritus jóvenes no
sabrían iniciarse en la comprensión de las matemáticas, no aprenderían a quererlas y no verían en ellas
más que una vana logomaquia; sin ella, sobre todo,
jamás llegarían a ser capaces de aplicarlas.

Pero hoy yo quería hablar, ante todo, del papel de
la intuición en la ciencia misma. Si ella es útil al estu-
diante, aun más lo es al sabio creador.

V. Buscamos la realidad, pero, ¿qué es la realidad?

Los fisiólogos nos enseñan que los organismos están formados por células; los químicos agregan que las células mismas están formadas por átomos. ¿Quiere decir esto que esos átomos o esas células constituyen la realidad o, por lo menos, la única realidad? La forma en que estas células están dispuestas y de la cual resulta la unidad del individuo, ¿no es también una realidad mucho más interesante que la de los elementos aislados? Un naturalista que no hubiera estudiado nunca al elefante sino con el microscopio, ¿creería conocer suficientemente a este animal?

Pues bien, en matemáticas ocurre algo análogo. El lógico descompone, por decirlo así, cada demostración en un número muy grande de operaciones elementales; cuando se hayan examinado estas operaciones, unas después de otras, y se haya comprobado que cada una de ellas es correcta, ¿se creerá haber comprendido el verdadero sentido de la demostración? ¿Asimismo, se lo habrá comprendido cuando, por un esfuerzo de memoria, nos hayamos capacitado para repetirla, reproduciendo todas esas operaciones elementales en el mismo orden en que las había colocado el inventor?

Evidentemente, no; todavía no poseeremos la realidad completa; ese no sé qué que hace la unidad de la demostración, se nos escapará totalmente.

El análisis puro pone a nuestra disposición una multitud de procedimientos cuya infalibilidad nos garantiza; nos abre mil caminos diferentes en los que podemos entrar con toda confianza; estamos seguros de no encontrar obstáculos en ellos, pero, ¿cuál de todos esos caminos es el que nos llevará más rápidamente al fin? ¿Quién nos dirá cuál hay que elegir? Nos hace falta una facultad que nos haga ver el objeto de lejos y esta facultad es la intuición. Es necesaria al explorador para elegir su ruta; no lo es menos a aquél que sigue sus huellas y quiere saber por qué la ha elegido.

Si asistís a una partida de ajedrez, para comprenderla no os bastará saber las reglas del movimiento de las piezas. Esto os permitirá solamente reconocer que cada jugada ha sido hecho conforme a esas reglas, y esta ventaja tendrá verdaderamente muy poco valor. Es, sin embargo, lo que haría un lector de un libro de matemáticas, si no fuera más que lógico. Comprender la partida es enteramente otra cosa; es saber por qué el jugador avanza tal pieza más bien que tal otra que habría podido mover sin violar las reglas del juego. Es advertir la razón íntima que hace de esta serie de jugadas sucesivas una especie de todo organizado. Con mayor razón, esta facultad es necesaria al jugador mismo, es decir, al *inventor*.

Dejemos esta comparación y volvamos a las matemáticas.

Por ejemplo, veamos lo que ha ocurrido con la idea de función continua. Al principio no era más que una imagen sensible, por ejemplo, la de un trazo continuo descrito con tiza en un pizarrón. Después se ha depurado poco a poco; pronto se la ha utilizado para construir un complicado sistema de desigualdades, que reproducía, por decirlo así, todas las líneas de la imagen primitiva; cuando esta construcción estuvo terminada, se ha *descimbrado*, por decirlo así, se ha desechado esta representación grosera que momentáneamente le había servido de apoyo y que sería inútil en adelante; no ha quedado más que la construcción misma, irreprochable ante los ojos del lógico.

Sin embargo, si la imagen primitiva hubiera desaparecido totalmente de nuestro recuerdo, ¿cómo adivinaríamos por qué capricho se han dispuesto estas desigualdades de esa manera, unas sobre otras?

Hallaréis quizás que abuso de las comparaciones; no obstante permitidme todavía una. Habéis visto, sin duda, esos delicados encajes de agujas silíceas que forman el esqueleto de algunas esponjas. Cuando la materia orgánica ha desaparecido no queda más que un frágil y elegante encaje. No hay allí más que sílice, es cierto, pero lo interesante es la forma que ha tomado esta sílice, y no podemos comprenderla si no conocemos a la esponja viviente que le ha impreso justamente esa forma. Así es como las antiguas nociones intuitivas de nuestros antepasados, aun cuando las hayamos abandonado, todavía imprimen su forma a los andamiajes lógicos que hemos colocado en su lugar.

Esta vista de conjunto es necesaria al inventor; es necesaria igualmente a aquél que quiere realmente comprender al inventor. ¿Puede dárnosla la lógica?

No, el nombre que le dan los matemáticos bastaría para probarlo. En matemáticas, la lógica se llama *análisis,* y análisis significa *división, disección.* No puede tener, pues, otra herramienta que el escalpelo y el microscopio.

De este modo, la lógica y la intuición tienen cada una un papel necesario. Ambas son indispensables. La lógica que puede por sí misma dar la certeza, es el instrumento de la demostración; la intuición es el instrumento de la invención.

VI. Mas en el momento de formular esta conclusión me asalta un escrúpulo.

Al principio he distinguido dos clases de espíritus matemáticos, unos lógicos y analistas, otros intuitivos y geómetras. Pues bien, también los analistas han sido inventores. Los nombres que he citado hace un instante me dispensan de insistir.

Hay allí una contradicción, por lo menos aparente, que es necesario explicar.

En primer lugar, ¿se cree que estos lógicos han procedido siempre de lo general a lo particular como parecían obligarlos las reglas de la lógica formal? No es así cómo hubieran podido extender los límites de la ciencia; sólo por la generalización se puede hacer conquista científica.

En uno de los capítulos de *La ciencia y la hipótesis* ([15]) he tenido ocasión de estudiar la naturaleza del razonamiento matemático y he mostrado cómo este razonamiento, sin dejar de ser absolutamente riguroso, podía elevarnos de lo particular a lo general por un procedimiento que he llamado *inducción matemática.*

Los analistas han hecho progresar la ciencia por este procedimiento y, si se examina el detalle mismo de sus demostraciones, se volverá a encontrarlo a cada instante al lado del clásico silogismo de Aristóteles.

Ya hemos visto, pues, que los analistas no son simples hacedores de silogismos a la manera de los escolásticos.

Por otra parte, ¿se creerá que ellos han marchado siempre, paso a paso, sin tener la visión del fin que querían alcanzar? Ha sido necesario que adivinasen el camino que conducía a él y para eso han tenido necesidad de un guía.

Este guía es, primeramente, la analogía.

([15]) Op. cit. 1ª parte, Cap. I.

Por ejemplo, uno de los razonamientos preferidos por los analistas es el fundado en el empleo de las funciones mayorantes. Se sabe que ya ha servido para resolver una multitud de problemas. ¿En qué consiste entonces el papel del inventor que quiere aplicarlo a un problema nuevo? Primero es menester que reconozca la analogía de esta cuestión con aquéllas que ya han sido resueltas por ese método; después es menester que advierta en qué difiere esta nueva cuestión de las otras y que de ahí deduzca las modificaciones que es necesario introducir en el método.

Pero, ¿cómo se advierten esas analogías y esas diferencias?

En el ejemplo que acabo de citar, ellas son casi siempre evidentes, pero habría podido encontrar otros en que hubieran estado mucho más disimuladas. A menudo es menester una perspicacia poco común para distinguirlas.

Para no dejar escapar estas analogías disimuladas, es decir para poder ser inventores, los analistas deben, sin el auxilio de los sentidos y de la imaginación, tener la impresión directa de lo que constituye la unidad de un razonamiento, de lo que constituye, por decirlo así, su alma y su vida.

Cuando se conversaba con Hermite, él jamás evocaba una imagen sensible y, sin embargo, pronto advertíais que las entidades más abstractas eran como seres vivientes para él. No los veía, pero sentía que no son un conjunto artificial y que tienen un inexplicable principio de unidad interna.

Pero, se dirá, eso es todavía la intuición. ¿Concluiremos que la distinción hecha al principio no era más que una apariencia, que no hay más que una clase de espíritus y que todos los matemáticos son intuitivos, por lo menos aquéllos que son capaces de inventar?

No, nuestra distinción corresponde a algo real. Más arriba he dicho que hay muchas clases de intuición. He dicho cuánto difiere la intuición del número puro, aquélla de donde puede salir la inducción matemática rigurosa, de la intuición sensible a la que la imaginación propiamente dicha mantiene totalmente.

¿Es menos profundo de lo que primeramente parece el abismo que las separa? ¿Se reconocería, con un poco de atención, que esta misma intuición pura no podría pasarse sin el auxilio de los sentidos? Eso es asunto del psicólogo y del metafísico, y no discutiré esta cuestión.

Pero basta que la cosa sea dudosa para que yo esté en el derecho de reconocer y de afirmar una divergencia esencial entre las dos especies de intuición; ellas no tienen el mismo objeto y parecen poner en juego dos facultades diferentes de nuestra alma, diríase dos proyectores apuntados a dos mundos extraños entre sí.

La intuición del número puro es de las fórmulas lógicas puras la que ilumina y dirige a esos que hemos llamado analistas.

Ella les permite no solamente demostrar, sino también inventar. Por esa intuición advierten de una ojeada el plan general de un edificio lógico, y esto sin que los sentidos parezcan intervenir.

Desechando el auxilio de la imaginación que, como hemos visto, no es siempre infalible, pueden avanzar sin temor de engañarse. ¡Felices, pues, aquéllos que pueden pasarse sin este apoyo! Debemos admirarlos, pero ¡cuán raros son!

Entre los analistas habrá, pues, inventores, mas habrá pocos.

La mayoría de nosotros si quisiera ver de lejos por la sola intuición pura, se sentiría pronto víctima del vértigo. Nuestra debilidad tiene necesidad de un bastón mucho más sólido y, a pesar de las excepciones de que acabamos de hablar, no es menos cierto que la intuición sensible es, en matemáticas, el instrumento más corriente de la invención. Acerca de las últimas reflexiones que acabo de hacer, se plantea una cuestión que no tengo tiempo ni de resolver ni aun de enunciar con los desarrollos que admitiría.

¿Hay motivos para hacer una nueva separación y distinguir entre los analistas a los que se sirven especialmente de esta intuición pura y los que se preocupan primeramente de la lógica formal?

Hermite, por ejemplo, a quien yo citaba hace un instante, no puede ser clasificado entre los geómetras que hacen uso de la intuición sensible, pero tampoco es un lógico propiamente dicho. Él no ocultaba su repulsión por los procedimientos puramente deductivos que parten de lo general para ir a lo particular.

CAPÍTULO II

La medida del tiempo

I. Mientras no se sale del dominio de la conciencia, la noción de tiempo es relativamente clara. No solamente distinguimos sin dificultad la sensación presente del recuerdo de las sensaciones pasadas o de la previsión de las sensaciones futuras, sino que sabemos perfectamente lo que queremos decir cuando afirmamos que, de dos fenómenos conscientes cuyo recuerdo hemos conservado, uno ha sido anterior al otro, o bien que, de dos fenómenos conscientes previstos, uno será anterior al otro.

Cuando decimos que dos hechos conscientes son simultáneos, queremos expresar que ambos se penetran profundamente, de tal modo que el análisis no los puede separar sin mutilarlos.

El orden en que colocamos los fenómenos conscientes no admite ninguna arbitrariedad. Nos es impuesto y nada podemos cambiar en él.

No tengo que agregar más que una observación. Para que un conjunto de sensaciones se haya convertido en un recuerdo susceptible de ser clasificado en el tiempo, es menester que haya dejado de ser actual, que hayamos perdido el sentido de su infinita complejidad, sin lo cual habría permanecido actual. Es preciso que haya cristalizado, por decirlo así, alrededor de un centro de asociaciones de ideas, que será como una especie de rótulo. Sólo cuando hayan perdido así toda vida, podremos clasificar nuestros recuerdos en el tiempo, como un botánico ordena en su herbario las flores desecadas.

Pero estos rótulos no pueden existir sino en número finito. Según eso, el tiempo psicológico sería discontinuo. ¿De dónde proviene entonces esa sensación de que entre dos instantes cualesquiera hay otros instantes? Clasificamos nuestros recuerdos en el tiempo, pero sabemos que quedan casillas vacías. ¿Cómo podría ser posible esto si el tiempo no fuera una forma preexistente en nuestro espíritu? ¿Cómo sabríamos que hay casillas vacías si esas casillas sólo nos fueran reveladas por su contenido?

II. Pero esto no es todo; en este molde queremos hacer entrar, no solamente los hechos de nuestra conciencia, sino también aquellos de los cuales las otras conciencias son el teatro. Mucho más, allí queremos hacer entrar también los hechos físicos, esos no sé qué con los cuales poblamos el espacio y a los que ninguna conciencia ve directamente.

Ello es muy necesario; sin ello la ciencia no podría existir. En una palabra, nos es dado el tiempo psicológico y queremos crear el tiempo científico y físico. Ahí es donde comienza la dificultad o, más bien, las dificultades, pues hay dos.

He ahí dos conciencias que son como dos mundos impenetrables entre sí. ¿Con qué derecho queremos hacerlas entrar en un mismo molde, medirlas con la misma toesa? ¿No es como si se quisiera medir con un gramo o pesar con un metro?

Y por otra parte, ¿por qué hablamos de medida? Sabemos, quizás, que tal hecho es anterior a tal otro, pero no en *cuánto* es anterior.

Por consiguiente, tenemos dos dificultades:

1º ¿Podemos transformar el tiempo psicológico, que es cualitativo, en un tiempo cuantitativo?

2º ¿Podemos reducir a una misma medida hechos que ocurren en mundos diferentes?

III. La primera dificultad ha sido advertida desde hace mucho tiempo; ha sido objeto de muchas discusiones y se puede decir que ahora la cuestión está resuelta.

No tenemos la intuición directa de la igualdad de dos intervalos de tiempo. Las personas que creen poseer esta intuición, son juguete de una ilusión.

Cuando digo: desde mediodía hasta la una ha transcurrido el mismo tiempo que desde las dos hasta las tres, ¿qué sentido tiene esa afirmación?

La menor reflexión muestra que no tiene ninguno por sí misma. No tendrá más que aquél que yo quiera darle mediante una definición que, seguramente, admitirá un cierto grado de arbitrariedad.

Los psicólogos habrían podido pasarse sin esta definición; los físicos, los astrónomos no podían; veamos cómo se han zafado.

Ellos emplean el péndulo para medir el tiempo y ad-

miten, por definición, que todas las oscilaciones del
péndulo son de igual duración. Pero eso no es más que
una primera aproximación; la temperatura, la resis-
tencia del aire, la presión atmosférica hacen variar la
longitud del péndulo. Si se evitasen estas causas de
error, se obtendría una aproximación mucho más grande, pero aun así no sería más que una aproximación.
Nuevas causas eléctricas, magnéticas u otras, despreciadas hasta aquí, ocasionarían pequeñas perturbaciones.

En efecto, los mejores relojes deben ser corregidos
de tiempo en tiempo y las correcciones se hacen con
ayuda de observaciones astronómicas; nos arreglamos
para que el reloj sideral marque la misma hora cuando
una misma estrella pasa por el meridiano. En otros
términos, la unidad constante de tiempo es el día sideral. Por una nueva definición, que sustituye a la
deducida de las oscilaciones del péndulo, se admite que
dos rotaciones completas de la Tierra alrededor de su
eje tienen la misma duración.

No obstante, los astrónomos no se han contentado
aún con esta definición. Muchos de ellos piensan que las
mareas obran como un freno sobre nuestro globo y que
la rotación de la Tierra se vuelve cada vez más lenta.
Así se explicaría la aceleración aparente del movimiento de la Luna, que pareciera ir más rápidamente de lo
que permite la teoría, porque nuestro reloj, que es la
Tierra, se atrasa.

IV. Todo esto importa poco, se dirá; sin duda, nuestros instrumentos de medida son imperfectos, pero
basta que podamos concebir un instrumento perfecto.
Este ideal no podrá ser alcanzado; sin embargo será
suficiente haberlo concebido, poniendo así rigor en la
definición de la unidad de tiempo.

Por desgracia, este rigor no se encuentra allí. ¿Cuál
es el postulado que admitimos implícitamente cuando
nos servimos del péndulo para medir el tiempo?

*Que la duración de los fenómenos idénticos es la mis-
ma* o, si se prefiere, que las mismas causas emplean el
mismo tiempo en producir los mismos efectos.

Y ésa es, de primera intención, una buena definición
de la igualdad de dos duraciones.

Tengamos cuidado, sin embargo. ¿Es imposible que la experiencia desmienta un día nuestro postulado?

Me explicaré; supongo que en un cierto punto del mundo suceda el fenómeno a, ocasionando como consecuencia, al cabo de cierto tiempo, el efecto a'. En otro punto del mundo muy alejado del primero, sucede el fenómeno β, que ocasiona como consecuencia el fenómeno β'. Los fenómenos a y β son simultáneos, lo mismo que los efectos a' y β'.

En una época ulterior, el fenómeno a se reproduce en circunstancias aproximadamente idénticas y *simultáneamente* el fenómeno β se reproduce también en un punto del mundo muy alejado y poco más o menos en las mismas circunstancias.

Los efectos a' y β' también van a reproducirse. Supongo que el efecto a' ocurra sensiblemente antes que el efecto β'.

Si la experiencia nos hiciera testigos de tal espectáculo, nuestro postulado resultará desmentido.

Pues la experiencia nos enseñaría que la primera duración aa' es igual que la primera duración $\beta\beta'$, y que la segunda duración aa' es menor que la segunda duración $\beta\beta'$. Por lo contrario, nuestro postulado exigiría que las dos duraciones aa' fuesen iguales entre sí, lo mismo que las dos duraciones $\beta\beta'$. La igualdad y la desigualdad deducidas de la experiencia serían incompatibles con las dos igualdades deducidas del postulado.

Ahora bien, ¿podemos afirmar que las hipótesis que acabo de formular son absurdas? Ellas no tienen nada de opuesto al sentido de contradicción. Sin duda, no podrán realizarse sin que el principio de razón suficiente parezca violado. Mas para justificar una definición tan fundamental, yo preferiría otra garantía.

V. En la realidad física, una causa no produce un efecto, pero una multitud de causas distintas contribuyen a producirlo, sin que se tenga medio alguno para discernir la parte de cada uno de ellos.

Los físicos procuran hacer esta distinción, pero sólo la hacen aproximadamente y por algunos progresos que consigan, no lo harán nunca sino aproximadamente. Es poco más o menos cierto que el movimiento del péndulo es debido únicamente a la atracción de la Tierra, pero, con todo rigor, ni siquiera es cierto que la atracción de Sirio no influya en el péndulo.

En estas condiciones es claro que las causas que han producido un cierto efecto no se reproducirán nunca sino aproximadamente.

Entonces debemos modificar nuestro postulado y nuestra definición. En lugar de decir:

«Las mismas causas emplean el mismo tiempo en producir los mismos efectos», debemos decir:

«Causas poco más o menos idénticas emplearán aproximadamente el mismo tiempo para producir poco más o menos los mismos efectos.»

Nuestra definición no es, pues, más que aproximada.

Por otra parte, como muy justamente lo hace observar Calinón en una memoria reciente (*Étude sur les divers grandeurs*, París, Gauthier-Villars, 1897): «Una de las circunstancias de un fenómeno cualquiera es la velocidad de rotación de la Tierra; si esta velocidad de rotación varía, constituye, en la reproducción de ese fenómeno, una circunstancia que ya no permanece idéntica a sí misma. Pero suponer constante esta velocidad de rotación es suponer que se sabe medir el tiempo».

Nuestra definición no es, pues, satisfactoria todavía; no es, con seguridad, la que adoptan implícitamente los astrónomos de que hablaba más arriba, cuando afirman que la rotación terrestre se va retardando.

¿Qué sentido tiene esta afirmación en sus labios? No podemos comprenderlo sino analizando las pruebas que ellos dan de su proposición.

Dicen, primero, que produciendo calor, el frotamiento de las mareas debe destruir fuerza viva. Invocan, pues, el principio de las fuerzas vivas o de la conservación de la energía [16].

Dicen, después, que la aceleración secular de la Luna, calculada según la ley de Newton, sería más pequeña que la que se deduce de las observaciones, si no se hiciese la corrección relativa al retardo de la rotación terrestre.

---

[16] El principio de las fuerzas vivas, *La suma de las energías cinética y potencial es una constante*, fué enunciado en 1847 por Helmholtz en su forma más completa, conocida como principio de la conservación de la energía: *En un sistema aislado, la energía se conserva en cantidad invariable, cualquiera sea su transformación*.

Invocan, pues, la ley de Newton (17).

En otros términos, definen la duración de la siguiente manera: el tiempo debe ser definido de tal modo que sean verificadas la ley de Newton y la de las fuerzas vivas.

La ley de Newton es una verdad experimental y como tal sólo es aproximada; por lo tanto no tenemos, todavía, más que una definición por aproximación.

Si suponemos ahora que se adopta otra manera de medir el tiempo, no por eso conservarán menos el mismo sentido las experiencias en las cuales está fundada la ley de Newton. Sólo sería diferente el enunciado de la ley, porque estaría traducido a otro lenguaje; sería, evidentemente, mucho menos simple.

De manera que la definición implícitamente adoptada por los astrónomos puede resumirse así:

El tiempo debe ser definido de tal modo que las ecuaciones de la mecánica sean lo más simples posible.

En otros términos, no hay una manera de medir el tiempo que sea más verdadera que otra; la adoptada generalmente es sólo más *cómoda*.

No tenemos derecho de decir que, de dos relojes, uno marcha bien y el otro mal; solamente podemos decir que es ventajoso referirse a las indicaciones del primero.

La dificultad de que acabamos de ocuparnos ha sido, como he dicho, señalada a menudo; entre los trabajos más recientes donde se trata, citaré, además del opúsculo de Calinón, el tratado de mecánica de Andrade (18).

VI. La segunda dificultad ha atraído mucho menos la atención hasta aquí; sin embargo es enteramente análoga a la precedente y, lógicamente, hasta habría debido hablar de ella en primer término.

¿Qué quiero decir cuando expreso que un fenómeno físico que sucede fuera de toda conciencia, es anterior o posterior a un fenómeno psicológico?

(17)   Ley de atracción *universal*, enunciada en 1686 por I. NEWTON según la cual *todos los cuerpos se atraen mutuamente en razón directa de sus masas e inversa de los cuadrados de sus distancias.*

(18)   «*Leçons de Mécanique Physique*», citado en «*La ciencia y la hipótesis*», pág. 98.

En 1572, Tycho-Brahe ([19]) observaba una nueva estrella en el cielo. Una inmensa conflagración se había producido en algún astro muy lejano, pero se había producido mucho tiempo antes; por lo menos habían sido necesarios doscientos años antes de que la luz partida de esa estrella hubiera alcanzado a nuestra Tierra. Esta conflagración era, pues, anterior al descubrimiento de América.

Y bien, cuando digo eso, cuando considero este fenómeno que tal vez no ha tenido ningún testigo, puesto que quizás los satélites de esa estrella no tienen habitantes; cuando digo que ese fenómeno es anterior a la formación de la imagen visual de la isla española en la conciencia de Cristóbal Colón, ¿qué quiero expresar?

Basta un poco de reflexión para comprender que todas estas afirmaciones no tienen ningún sentido por sí mismas.

Ellas no pueden tener uno más que como resultado de una convención.

VII. Primeramente debemos preguntarnos cómo se ha podido tener la idea de hacer encajar en un mismo marco tantos mundos impenetrables entre sí.

Querríamos representarnos el universo exterior y sólo a ese precio creíamos conocerlo.

Esta representación, es sabido, no la tendremos jamás; nuestra imperfección es demasiado grande.

Queremos, por lo menos, que se pueda concebir una inteligencia infinita para la cual esta representación fuera posible, una especie de gran conciencia que viera todo y clasificara todo *en su tiempo*, como nosotros clasificamos, *en nuestro tiempo*, lo poco que vemos.

Esta hipótesis es bastante grosera e incompleta, pues esta inteligencia suprema no sería sino un semidiós; infinita en un sentido, sería limitada en otro, puesto que del pasado no tendría más que un recuerdo imperfecto, y no podría tener otro, pues, de no ser así, todos los recuerdos le serían igualmente presentes y no existiría el tiempo para ella.

Sin embargo, cuando hablamos del tiempo, para todo

([19]) TYCHO-BRAHE, astrónomo danés, el observador más exacto antes de la invención del telescopio, cuya obra «*De Nova Stella anni 1572*» se refiere a la estrella citada por Poincaré.

lo que ocurre fuera de nosotros, ¿no adoptamos incons-
cientemente esta hipótesis? ¿No nos colocamos en el
lugar de ese dios imperfecto? ¿No se colocan los mismos ateos en el lugar donde estaría Dios, si existiera?

Lo que acabo de decir nos muestra, quizás, por qué
hemos tratado de encajar todos los fenómenos físicos
en un mismo marco. Pero eso no puede ser admitido
como una definición de la simultaneidad, ya que esta
inteligencia hipotética, aun si existiera, sería impenetrable para nosotros.

Es menester, pues, buscar otra cosa.

VIII. Las definiciones corrientes que convienen para
el tiempo psicológico, no podrían bastarnos más. Dos
hechos psicológicos simultáneos están ligados tan estre-
chamente que el análisis no los puede separar sin mutilarlos. ¿Ocurre lo mismo con dos hechos físicos? ¿No
está mi presente más cerca de mi pasado de ayer que del
presente de Sirio?

Se ha dicho también que dos hechos deben ser considerados como simultáneos cuando el orden de su sucesión puede ser invertido a voluntad. Es evidente que
esta definición no podría convenir para dos hechos físicos que se producen a gran distancia uno de otro y
que, en lo que les concierne, no se comprende ni siquiera lo que podría ser esa reversibilidad; por otra parte,
en primer lugar, es la misma sucesión lo que sería
preciso definir.

IX. Tratemos, pues, de comprender qué se entiende
por simultaneidad o anterioridad, y para eso analice-
mos algunos ejemplos.

Escribo una carta: ella es leída después por el amigo
a quien la he dirigido. He ahí dos hechos que han tenido dos conciencias diferentes por teatro. Al escribir
esa carta, he poseído su imagen visual y, a su vez, mi
amigo ha poseído esa misma imagen al leer la carta.

Aunque estos hechos ocurran en mundos impenetrables, no titubeo en considerar al primero como anterior
al segundo, porque creo que él es la causa.

Oigo el trueno y deduzco que ha habido una descarga
eléctrica; no titubeo en considerar el fenómeno físico
como anterior a la imagen sonora experimentada por
mi conciencia, porque creo que él es la causa.

He ahí, pues, la regla que seguimos y la única que podíamos seguir: cuando un fenómeno se nos aparece como causa de otro, lo consideramos anterior.

Definimos, pues, el tiempo mediante la causa, pero más a menudo, cuando dos hechos nos aparecen ligados por una relación constante, ¿cómo reconocemos cuál es la causa y cuál es el efecto? Admitimos que el hecho anterior, el antecedente, es la causa del otro, del consecuente. Entonces, definimos la causa mediante el tiempo. ¿Cómo zafarse de esta petición de principio?

Decimos ora *post hoc, ergo propter hoc;* ora *propter hoc, ergo post hoc* ([20]); ¿se saldrá de este círculo vicioso?

X. Veamos, entonces, no cómo consigue uno librarse, pues eso no se logra completamente, sino cómo se procura hacerlo.

Ejecuto un acto voluntario A y experimento en seguida una sensación D que considero como consecuencia del acto A; por otra parte, por una razón cualquiera, infiero que esta consecuencia no es inmediata y que se han cumplido, fuera de mi conciencia, dos hechos B y C de los cuales no he sido testigo y de modo que B sea el efecto de A, que C sea el de B y D, el de C.

Pero, ¿por qué esto? Si creo tener razones para mirar los cuatro hechos A, B, C, D como ligados uno a otro por un vínculo de causalidad, ¿por qué colocarlos en el orden causal ABCD y al mismo tiempo en el orden cronológico ABCD mejor que en cualquier otro orden.

Comprendo que en el acto A tenga la sensación de haber sido activo, mientras que experimentando la sensación D, tenga la de haber sido pasivo. Por eso considero a A como la causa inicial y a D como el efecto último; por eso coloco a A en el comienzo de la cadena y a D en el fin, pero, ¿por qué poner a B antes que a C, en lugar de colocar, más bien, a C antes que B?

Si se plantea esta cuestión, se responderá ordinariamente: se sabe bien que es B la causa de C, puesto que siempre se ve a B producirse antes que C. Cuando hay testigo, estos dos fenómenos ocurren en un cierto orden; cuando fenómenos análogos se producen sin testigo, no hay razón para que ese orden sea invertido.

([20])   Sofisma de inferencia, cuya versión es: «después de esto, luego a causa de esto; a causa de esto, luego después de esto».

Sin duda, pero téngase cuidado en ello. No conocemos directamente los fenómenos físicos B y C; lo que conocemos son sensaciones B' y C' producidas respectivamente por B y C. Nuestra conciencia nos enseña inmediatamente que B' precede a C' y *admitimos* que B y C se suceden en el mismo orden.

Esta regla parece, en efecto, muy natural y, sin embargo, a menudo somos conducidos a derogarla. No oímos el ruido del trueno sino algunos segundos después de la descarga de la nube. De dos rayos, uno lejano y otro próximo, ¿no puede ser el primero anterior al segundo, aunque el ruido del segundo nos llegue antes que el del primero?

XI. Otra dificultad: ¿tenemos efectivamente el derecho de hablar de la causa de un fenómeno? Si todas las partes del universo son solidarias en una cierta medida, un fenómeno cualquiera no será el efecto de una causa única, sino la resultante de causas infinitamente numerosas; es, se dice frecuentemente, la consecuencia del estado del universo un momento antes.

¿Cómo enunciar reglas aplicables a circunstancias tan complejas? No obstante, sólo a ese precio esas reglas podrán ser generales y rigurosas.

Para no perdernos en esta infinita complejidad, hagamos una hipótesis más simple. Consideremos tres astros: el Sol, Júpiter y Saturno, por ejemplo, pero, para mayor simplicidad, considerémoslos como reducidos a puntos materiales y aislados del resto del mundo.

Las posiciones y las velocidades de los tres cuerpos en un instante dado, bastan para determinar sus posiciones y sus velocidades en el instante siguiente y, por consiguiente, en un instante cualquiera. Sus posiciones en el instante t, determinan sus posiciones en el instante $t + h$, así como sus posiciones en el instante $t - h$.

Hay más aún: la posición de Júpiter en el instante t, junto con la de Saturno en el instante $t + a$ determinan las posiciones de Júpiter y Saturno en instantes cualesquiera.

El conjunto de las posiciones que ocupan Júpiter en el instante $t + \epsilon$ y Saturno en el instante $t + a + \epsilon$ está ligado al conjunto de posiciones que ocupan Júpiter en el instante t y Saturno en el instante $t + a$, por leyes tan precisas como las de Newton, aunque algo más complicadas.

¿Por qué no mirar, por consiguiente, a uno de estos conjuntos como causa del otro, lo que conduciría a considerar como simultáneos al instante t de Júpiter y al instante $t + a$ de Saturno?

No puede haber, para ello, más que razones de comodidad y de simplicidad, muy poderosas es cierto.

XII. Pero pasemos a ejemplos menos artificiales; para darnos cuenta de la definición implícitamente admitida por los sabios, veámoslos en acción e indaguemos según qué leyes investigan la simultaneidad.

Tomaré dos ejemplos simples: la medida de la velocidad de la luz y la determinación de longitudes.

Cuando un astrónomo me dice que tal fenómeno estelar que su telescopio le revela en ese momento, ha ocurrido, sin embargo, hace cincuenta años, trato de descubrir lo que quiere expresar y, para eso, le preguntaré primeramente cómo lo sabe, es decir, cómo ha medido la velocidad de la luz.

He comenzado por *admitir* que la luz tiene una velocidad constante y, en particular, que su velocidad es la misma en todas las direcciones. Ese es un postulado sin el cual ninguna medida de esa velocidad podría ser intentada. Este postulado jamás podrá ser verificado directamente por la experiencia. Esta podría contradecirlo, si los resultados de las diversas medidas no fueran concordantes. Debemos estimarnos dichosos porque no ocurra esta contradicción y sea posible explicar fácilmente las pequeñas diferencias que pueden producirse.

En todo caso, conforme al principio de razón suficiente, el postulado ha sido unánimemente aceptado; lo que quiero retener es que nos suministró una nueva regla para la investigación de la simultaneidad, enteramente diferente de la que habíamos enunciado más arriba.

Admitido este postulado, veamos cómo se ha medido la velocidad de la luz. Se sabe que Roemer se ha servido de los eclipses de los satélites de Júpiter y ha tratado de averiguar cuánto se retardaba el acontecimiento sobre la previsión.

Pero, ¿cómo se hace esta predicción? Con ayuda de las leyes astronómicas, de la ley de Newton, por ejemplo.

Además, ¿no podrían explicarse los hechos observados si se atribuyera a la velocidad de la luz un valor poco diferente del valor adoptado, y si se admitiera que la ley de Newton sólo es aproximada? Sólo nos vería conducidos a reemplazar la ley de Newton por otra más complicada.

De este modo se adopta para la velocidad de la luz un valor tal que las leyes astronómicas compatibles con ese valor sean lo más simples posible.

Cuando los marinos o los geógrafos determinan una longitud, tienen precisamente que resolver el problema que nos ocupa; deben calcular la hora de París sin estar en París.

¿Cómo hacen?

Llevan consigo un cronómetro puesto en hora en París. El problema cualitativo de la simultaneidad es reducido al problema cuantitativo de la medida del tiempo. No tengo que volver a las dificultades relativas a este último problema, puesto que he insistido largamente en eso más arriba.

O bien observan un fenómeno astronómico tal como un eclipse de Luna y admiten que ese fenómeno es advertido simultáneamente en todos los puntos del globo. Esto no es enteramente cierto, puesto que la propagación de la luz no es instantánea; si se quisiera una identidad absoluta habría que hacer una corrección, según una regla complicada.

O, por fin, emplean el telégrafo. En primer lugar, es evidente que la recepción de la señal en Berlín, por ejemplo, es posterior a la expedición de esa misma señal desde París. Es la regla de la causa y del efecto analizada más arriba.

Pero, ¿en cuánto es posterior? En general, se desprecia la duración de la trasmisión y se consideran los dos acontecimientos como simultáneos. Mas, para ser rigurosos, sería necesario hacer aún una pequeña corrección por un cálculo complicado; no se la hace en la práctica porque sería mucho más insignificante que los errores de observación; su necesidad teórica no deja de subsistir por eso para nuestro punto de vista, que es el de una definición rigurosa.

De esta discusión quiero retener dos cosas:

1º Las reglas aplicadas son muy variadas.

2º Es difícil separar el problema cualitativo de la simultaneidad del problema cuantitativo de la medida del tiempo, se sirva uno de un cronómetro o deba tener en cuenta una velocidad de trasmisión como la de la luz, pues no se podría medir una velocidad semejante sin *medir* un tiempo.

XIII. Conviene concluir.

No tenemos la intuición directa de la simultaneidad, ni tampoco la de la igualdad de dos duraciones.

Si creemos tener esa intuición es una ilusión.

La suplimos con la ayuda de ciertas reglas que casi siempre aplicamos sin darnos cuenta.

Pero, ¿cuál es la naturaleza de esas reglas?

Ni regla general ni regla rigurosa; una multitud de pequeñas reglas aplicables a cada caso particular.

Estas reglas no se nos imponen y uno podría entretenerse en inventar otras; sin embargo no podría apartarse de ellas sin complicar mucho el enunciado de las leyes de la física, de la mecánica o de la astronomía.

Elegimos entonces estas reglas, no porque sean verdaderas, sino porque son las más cómodas, y podríamos resumirlas diciendo:

«La simultaneidad de dos acontecimientos, o el orden de su sucesión, la igualdad de dos duraciones deben ser definidos de tal suerte que el enunciado de las leyes naturales sea lo más simple posible. En otros términos, todas estas reglas, todas estas definiciones no son más que el fruto de un oportunismo inconsciente.»

CAPÍTULO III

La noción de espacio

§ 1. *Introducción.*

En los artículos que he consagrado precedentemente al espacio, he insistido sobre todo en los problemas suscitados por la geometría no euclidiana, dejando casi completamente a un lado otras cuestiones más difíciles

de abordar, tales como las que se relacionan con el número de dimensiones. Todas las geometrías que consideraba tenían así un fondo común, ese continuo de
tres dimensiones que era el mismo para todas y que no
se diferenciaba sino por las figuras que se trazaban
en él o cuando se pretendía medirlo.

En ese continuo, primitivamente amorfo, se puede
imaginar una red de líneas y de superficies; se puede
convenir luego en considerar a las mallas de esa red
como iguales entre sí y, sólo después de esta convención, ese continuo, vuelto mensurable, se transforma
en el espacio euclidiano o en el no euclidiano. De ese
continuo amorfo puede, pues, indiferentemente salir uno
u otro de los dos espacios, lo mismo que sobre una hoja
de papel blanco, se puede trazar indiferentemente una
recta o una circunferencia.

En el espacio conocemos triángulos rectilíneos cuyos
ángulos suman dos rectos, pero conocemos igualmente
triángulos curvilíneos cuyos ángulos suman menos de
dos rectos. La existencia de unos no es más dudosa que
la de los otros. Dar a los lados de los primeros el nombre de rectas, es adoptar la geometría euclidiana; dar
a los lados de los últimos el nombre de rectas es adoptar
la geometría no euclidiana. De modo que preguntar
cuál geometría conviene adoptar equivale a preguntar
a qué línea conviene dar el nombre de recta.

Es evidente que la experiencia no puede resolver una
cuestión semejante; por ejemplo, no se pediría a la
experiencia que decidiera si debo llamar AB a una recta
o bien CD. Por otra parte, tampoco puedo decir que no
tenga el derecho de dar el nombre de rectas a los lados
de los triángulos no euclidianos, porque no estén de
acuerdo con la idea eterna de recta que poseo por intuición. Acepto que yo tenga la idea intuitiva del lado del
triángulo euclidiano, pero tengo igualmente la idea intuitiva del lado del triángulo no euclidiano. ¿Por qué
tendré el derecho de aplicar el nombre de recta a la
primera de estas ideas y no a la segunda? ¿Cómo for-
marían parte integrante de esta idea intuitiva esas dos
sílabas? Evidentemente, cuando decimos que la recta
euclidiana es una *verdadera* recta y que la recta no
euclidiana no es una recta verdadera, queremos expresar simplemente que la primera idea intuitiva corresponde a un objeto *más notable* que la segunda. Pero,

¿cómo juzgamos que este objeto es más notable? Eso es lo que he investigado en *La ciencia y la hipótesis* ([21]).

Allí es donde hemos visto intervenir a la experiencia; si la recta euclidiana es más notable que la recta no euclidiana, lo es ante todo porque difiere poco de ciertos objetos naturales, de los cuales la recta no euclidiana difiere mucho. Pero, se dirá, la definición de la recta no euclidiana es artificial. Tratemos de adoptarla por un instante; veremos que dos circunferencias de radios diferentes recibirán ambas el nombre de rectas no euclidianas, mientras que de dos circunferencias del mismo radio, una podrá satisfacer a la definición sin que la otra la satisfaga, y entonces si transportamos a una de esas tituladas rectas sin deformarla, dejará de ser una recta. Pero, ¿con qué derecho consideramos como iguales a esas dos figuras que los geómetras euclidianos llaman circunferencias del mismo radio? Porque transportando una de ellas sin deformarla se la puede hacer coincidir con la otra. ¿Y por qué decimos que ese transporte se ha efectuado sin deformación? Es imposible dar una buena razón de ello. Entre todos los movimientos concebibles existen los que los geómetras euclidianos dicen que no van acompañados de deformación, pero hay otros de los cuales los geómetras no euclidianos dirían que no van acompañados de deformación. En los primeros, llamados movimientos euclidianos, las rectas euclidianas siguen siendo rectas euclidianas, y las rectas no euclidianas no siguen siendo rectas no euclidianas; en los movimientos de la segunda especie, o movimientos no euclidianos, las rectas no euclidianas siguen siendo rectas no euclidianas y las rectas no euclidianas no siguen siendo rectas no euclidianas. No se ha demostrado, pues, que fuera irrazonable llamar rectas a los lados de los triángulos no euclidianos; sólo se ha demostrado que eso sería irrazonable, si se continuara llamando movimientos sin deformación a los movimientos euclidianos, pero se habría mostrado además que sería irrazonable llamar rectas a los lados de los triángulos euclidianos, si se llamara movimientos sin deformación a los movimientos no euclidianos.

([21]) Op. cit., pág. 62 y 63.

¿Qué queremos expresar cuando decimos ahora que los movimientos euclidianos son los *verdaderos* movimientos sin deformación? Queremos expresar, simplemente, que son *más notables* que los otros, pero, ¿por qué son más notables? Porque ciertos cuerpos naturales notables, los cuerpos sólidos, están sometidos a movimientos casi iguales.

Y entonces, cuando preguntamos: ¿se puede imaginar el espacio euclidiano?, esto equivale a preguntar: ¿podemos imaginar un mundo donde habría objetos naturales notables que afectaran poco más o menos la forma de rectas no euclidianas, y cuerpos naturales notables que experimentaran frecuentemente movimientos casi iguales a los movimientos no euclidianos? He mostrado en *La ciencia y la hipótesis* (²²), que es preciso responder sí a esta pregunta.

Se ha observado con frecuencia que si todos los cuerpos del universo llegasen a dilatarse simultáneamente y en la misma proporción, no tendríamos ningún medio para advertirlo, puesto que todos los instrumentos de medida se agrandarían al mismo tiempo que los mismos objetos para cuya medida sirven. Luego de esta dilatación, el mundo continuaría su marcha, sin que nada viniera a advertirnos de un acontecimiento tan considerable.

En otros términos, dos mundos que fueran semejantes entre sí (entendiendo el vocablo semejanza en el sentido del 3ᵉʳ libro de geometría) no podrían distinguirse absolutamente. Pero hay más: no solamente no podrán distinguirse los mundos si son iguales o semejantes, es decir, si se puede pasar de uno a otro cambiando los ejes de coordenadas, sino que aun ellos no podrán distinguirse, si se puede pasar de uno a otro por una «transformación puntual» cualquiera. Me explicaré. Supongo que a cada punto de uno corresponda un punto del otro y recíprocamente; y, además, que las coordenadas de un punto sean funciones continuas, *por otra parte completamente arbitrarias*, de las coordenadas del punto correspondiente. Supongo, además, que a cada objeto del primer mundo corresponda en el segundo un objeto de la misma naturaleza, situado pre-

(²²) Op. cit., pág. 76 y sig.

cisamente en el punto correspondiente. Supongo, en fin, que esta correspondencia realizada en el momento inicial, se conserva indefinidamente. No tendríamos ningún medio para distinguir estos dos mundos. Cuando se habla de la *relatividad del espacio*, no se la entiende ordinariamente en un sentido tan extenso; sin embargo, es de esta manera cómo convendría entenderla.

Si uno de estos universos es nuestro mundo euclidiano, nuestra recta euclidiana será lo que sus habitantes llamen recta; pero lo que los habitantes del segundo llamen recta, será una curva que gozará de las mismas propiedades con respecto al mundo que habitan y con respecto a los movimientos que ellos llamen movimientos sin deformación; su geometría será, pues, la geometría euclidiana, pero su recta no será nuestra recta euclidiana. Será su transformada por la transformación puntual que hace pasar de nuestro mundo al suyo; las rectas de sus hombres no serán nuestras rectas, pero tendrán entre sí las mismas relaciones que nuestras rectas tienen entre sí; en ese sentido digo que su geometría será la nuestra. Si entonces queremos proclamar a toda costa que se equivoca, que su recta no es la verdadera recta, si no queremos reconocer que una afirmación semejante no tiene ningún sentido, por lo menos deberemos reconocer que esa gente no tiene ninguna clase de medios para advertir su error.

§ 2. *La geometría cualitativa.*

Todo esto es relativamente fácil de comprender y yo lo he repetido tan a menudo que creo inútil extenderme más en este asunto. El espacio euclidiano no es una forma impuesta a nuestra sensibilidad, puesto que podemos imaginar el espacio euclidiano, pero los dos espacios, euclidiano y no euclidiano, tienen un fondo común: ese continuo amorfo del que hablaba al principio; de él podemos sacar el espacio euclidiano o el lobatchevskiano, de la misma manera que, trazándole una graduación conveniente, podemos transformar **un** termómetro no graduado en termómetro **Fahrenheit** o termómetro Réaumur.

Entonces se plantea una cuestión: ese **continuo**

amorfo, que nuestro análisis ha dejado subsistir, ¿no es un molde impuesto a nuestra sensibilidad? Habríamos ensanchado la prisión en la que esta sensibilidad está encerrada, pero siempre sería una prisión.

Este continuo posee un cierto número de propiedades, exentas de toda idea de medida. El estudio de esas propiedades es el objeto de una ciencia que fué cultivada por muchos grandes geómetras, en particular por Riemann y Betti [23], y ha recibido el nombre de *Analysis Situs* [24]. En esta ciencia se hace abstracción de toda idea cuantitativa, y, por ejemplo, si se comprueba que sobre una línea el punto *B* está entre los puntos *A* y *C*, uno se contentará con esta comprobación y no se inquietará por saber si la línea *ABC* es recta o curva, ni si la longitud *AB* es igual a la *BC* o es dos veces más grande.

Los teoremas del *Analysis Situs* tienen, pues, de particular, que seguirán siendo verdaderos si las figuras fueran copiadas por un dibujante inhábil que alterase groseramente todas las proporciones y las reemplazara por líneas más o menos sinuosas. En términos matemáticos, no son alterados por una «transformación puntual» cualquiera. Se ha dicho a menudo que la geometría métrica era cuantitativa, mientras que la geometría proyectiva era puramente cualitativa; esto no es completamente cierto: lo que distingue la recta de otras líneas son todavía propiedades que permanecen cuantitativas para ciertas consideraciones. La verdadera geometría cualitativa es, pues, el *Analysis Situs*.

Las mismas cuestiones que se planteaban acerca de las verdades de la geometría euclidiana se plantean de nuevo acerca de los teoremas del *Analysis Situs*. ¿Pueden ser obtenidos por un razonamiento deductivo? ¿Son convenciones disfrazadas? ¿Son verdades experimentales? ¿Son los caracteres de una forma impuesta a nuestra sensibilidad o a nuestro entendimiento?

Simplemente quiero observar que las dos últimas

---

[23]   E. BETTI (1823-1892), físico y matemático italiano, conocido por sus trabajos en topología. Precursor de Poincaré en el estudio de las variedades multidimensionales.

[24]   El término «*Analysis Situs*» fué ya usado por Leibniz en 1679, pero en la actualidad se emplea el nombre de *Topología*, introducido por J. B. Listing en 1848 *(Vorstudien zur Topologie)*, y su importancia fué reconocida por Gauss, Mobius Riemann, Betti, Jordan, Klein, Poincaré, etc.

deducciones se excluyen, de lo cual no siempre se ha dado cuenta bien todo el mundo. No podemos admitir a la vez que el espacio de cuatro dimensiones es imposible de imaginar y que la experiencia nos demuestre que el espacio tiene tres dimensiones. El experimentador plantea una interrogación a la naturaleza: ¿es esto o aquéllo?, y no la puede plantear sin imaginar los dos términos de la alternativa. Si fuera posible imaginarse uno de esos términos, sería inútil y, por otra parte, imposible, consultar a la experiencia.

No tenemos necesidad de la observación para saber que la aguja de un reloj no está sobre la división 15 del cuadrante, puesto que sabemos de antemano que no hay más que 12, y no podríamos mirar la división 15 para ver si la aguja se encuentra allí, puesto que esta división no existe.

Observemos igualmente que los empiristas se han desembarazado aquí de una de las objeciones más graves que se puede dirigir contra ellos, de aquella que, de antemano, vuelve inútiles todos los esfuerzos para aplicar su tesis a las verdades de la geometría euclidiana. Estas verdades son rigurosas y toda experiencia no puede ser sino aproximada. En el *Analysis Situs,* las experiencias aproximadas pueden bastar para dar un teorema riguroso y, por ejemplo, si se ve que el espacio no puede tener ni dos o menos de dos dimensiones, ni cuatro o más de cuatro, es cierto que tiene exactamente 3, pues no podría tener 2 y media o 3 y media.

De todos los teoremas del *Analysis Situs,* el más importante es el que se expresa diciendo que el espacio tiene tres dimensiones. De él nos vamos a ocupar, y plantearemos la cuestión en estos términos: ¿Qué es lo que queremos expresar cuando decimos que el espacio tiene tres dimensiones?

§ 3. *El continuo físico de varias dimensiones.*

En *La ciencia y la hipótesis* ([25]) he explicado de dónde nos viene la noción de la continuidad física y cómo ha podido originarse en ella la de la continuidad

([25])   Op. cit. Parte 1ª, cap. II, pág. 39 y sig.

matemática. Sucede que somos capaces de distinguir
dos impresiones, una de otra, mientras que no sabríamos distinguir cada una de ellas de una misma tercera.
Así es como podemos discernir fácilmente un peso de
12 gramos de un peso de 10 gramos, mientras que un
peso de 11 gramos no podría distinguirse ni de uno ni
de otro.

Traducida en símbolos, una comprobación semejante
se escribiría:

$$A = B \qquad B = C \qquad A < C$$

Esta sería la fórmula del continuo físico, tal como
nos la da la experiencia bruta, de donde resulta una
contradicción intolerable, que se ha eliminado por la
introducción del continuo matemático. Éste es una escala cuyas dimensiones (números conmensurables e
inconmensurables) están en número infinito, pero son
exteriores unas a las otras, en lugar de superponerse
como lo hacen, de conformidad con la fórmula precedente, los elementos del continuo físico.

El continuo físico es, por decirlo así, una nebulosa
no resuelta; los instrumentos más perfeccionados no
podrían llegar a resolverla. Sin duda, si se valuaran
los pesos con una buena balanza en lugar de apreciarlos
con la mano, se distinguiría el peso de 11 gramos de
los de 10 y 12 gramos, y nuestra fórmula se conver-
tiría en

$$A < B \qquad B < C \qquad A < C$$

Pero siempre se encontrarían entre A y B y entre
B y C, nuevos elementos D y E, tales que:

$$A = D \, , D = B \, , A < B \, , B = E \, , E = C \, , B < C$$

La dificultad no habría hecho más que retroceder y
la nebulosa no siempre sería resuelta; sólo el espíritu
es quien puede resolverla, y el continuo matemático es
la nebulosa resuelta en estrellas.

No obstante, hasta el presente no hemos introducido
la noción del número de dimensiones. ¿Qué queremos
expresar cuando decimos que un continuo matemático
o un continuo físico tiene dos o tres dimensiones?

En primer lugar, es necesario que introduzcamos la noción de *cortadura*, consagrándonos primeramente al estudio de los continuos físicos. Hemos visto qué caracteriza al continuo físico; cada uno de los elementos de ese continuo consiste en un conjunto de impresiones, y puede ocurrir que un elemento no se pueda distinguir de otro elemento del mismo continuo si este nuevo elemento corresponde a un conjunto de impresiones demasiado poco diferentes o, por lo contrario, que la distinción sea posible; en fin, puede hacerse que dos elementos, indiscernibles de un tercero, puedan, sin embargo, distinguirse uno de otro.

Establecido esto, si A y B son dos elementos de un continuo C que se pueden distinguir, se podría encontrar una serie de elementos

$$E_1, E_2, \ldots, E_n$$

todos pertenecientes a ese mismo continuo C y tales que cada uno de ellos no se pueda distinguir del precedente; E_1 de A y E_n de B. Se podrá, pues, ir de A a B por un camino continuo y sin apartarse de C. Si esta condición es satisfecha por dos elementos cualesquiera, A y B, del continuo C, podremos decir que el continuo C es *simplemente conexo*.

Distingamos ahora alguno de los elementos de C, que podrán ser todos discernibles unos de otros o formar ellos mismos uno o varios continuos. El conjunto de los elementos, así arbitrariamente elegidos entre todos los de C, formará lo que llamaré la o las *cortaduras*.

Volvamos a tomar sobre C dos elementos cualesquiera, A y B. O bien, podremos encontrar todavía una serie de elementos

$$E_1, E_2, \ldots, E_n$$

tales que:

1º Todos pertenezcan a C.

2º Ninguno de ellos pueda distinguirse del siguiente; E_1 no se pueda distinguir de A y E_n de B.

3º *Ninguno de los elementos E se pueda distinguir de ninguno de los elementos de la cortadura.*

O bien, al contrario, en todas las series $E_1, E_2, \ldots, E_n$ que satisfacen a las dos primeras condiciones, habrá un elemento *E*, indiscernible de uno de los elementos de la cortadura.

En el primer caso, podemos ir de *A* a *B* por un camino continuo sin dejar *C* y *sin encontrar las cortaduras;* en el segundo caso, eso es imposible.

Entonces, si para dos elementos cualesquiera *A* y *B* del continuo *C*, se nos presenta siempre el primer caso, diremos que *C* permanece simplemente conexo, a pesar de las cortaduras.

De este modo, si elegimos las cortaduras de una cierta manera, arbitraria, por otra parte, podrá suceder que el continuo permanezca simplemente conexo o no; en esta última hipótesis, diremos entonces que está *dividido* por las cortaduras.

Se observará que todas estas definiciones están construídas partiendo únicamente del hecho muy simple de que dos conjuntos de impresiones se puedan distinguir o no.

Esto sentado, si para *dividir* un continuo basta considerar como cortaduras a un cierto número de elementos, cada uno de los cuales se puede distinguir de los demás, se dice que ese continuo es de *una dimensión;* al contrario, si para dividir un continuo, es necesario considerar como cortaduras a un sistema de elementos que forman por su parte uno o varios continuos, diremos que ese continuo es de *varias dimensiones.*

Si para dividir un continuo *C* bastan cortaduras que forman uno o varios continuos de una dimensión, diremos que *C* es un continuo *de dos dimensiones;* si bastan cortaduras que forman uno o varios continuos de dos dimensiones a lo sumo, diremos que *C* es un continuo *de tres dimensiones;* y así sucesivamente.

Para justificar esta definición, es necesario ver si así es cómo los geómetras introducen la noción de las tres dimensiones, al principio de sus trabajos. Ahora bien, ¿qué vemos? Muy frecuentemente comienzan por definir las superficies como los límites de los volúmenes, las líneas como los límites de las superficies, los puntos como los límites de las líneas, y afirman que el mismo proceso no puede ser llevado más lejos.

Es la misma idea; para dividir el espacio son necesarias cortaduras a las que se llama superficies; para dividir las superficies son necesarias cortaduras a las que se llama líneas; para dividir las líneas son necesarias cortaduras a las que se llama puntos; no se puede ir más lejos y el punto no puede ser dividido, el punto no es un continuo; luego, las líneas, que se pueden dividir por cortaduras que no son continuos, serán continuos de una dimensión; las superficies, que se pueden dividir por cortaduras continuas de una dimensión, serán continuos de dos dimensiones; en fin, el espacio que se puede dividir por cortaduras continuas de dos dimensiones, será un continuo de tres dimensiones.

De este modo, la definición que acabo de dar no difiere esencialmente de las definiciones habituales; solamente he tenido que darle una forma aplicable, no al continuo matemático sino al continuo físico, que es el único susceptible de representación, y, sin embargo, conservarle toda su precisión.

Se ve, por otra parte, que esta definición no se aplica solamente al espacio; que en todo lo que es perceptible por nuestros sentidos, reconocemos los caracteres del continuo físico, lo que permitiría la misma clasificación. Sería fácil hallar ejemplos de continuos de cuatro, de cinco dimensiones, en el sentido de la *definición* precedente; estos ejemplos se presentan por sí mismos al espíritu.

Yo explicaría, si tuviera tiempo, que esa ciencia de la que hablaba más arriba y a la cual Riemann ha dado el nombre de *Analysis Situs* nos enseña a hacer distinciones entre los continuos de un mismo número de dimensiones, y que la clasificación de esos continuos se apoya, todavía, en la consideración de las cortaduras.

En esta noción se ha originado la del continuo matemático de varias dimensiones, de la misma manera que el continuo físico de una dimensión había engendrado el continuo matemático de una dimensión. La fórmula

$$A < C \ , \ A = B \ , \ B = C$$

que resumía los datos brutos de la experiencia, implicaba una contradicción intolerable. Para librarse de ella ha sido menester introducir una noción nueva, respetando por otra parte los caracteres esenciales del continuo físico de varias dimensiones. El continuo matemático de una dimensión admitía una escala única, cuyas divisiones, en número infinito, correspondían a los diversos valores, conmensurables o no, de una misma magnitud. Para tener el continuo matemático de _n_ dimensiones, bastará tomar _n_ escalas semejantes, cuyas divisiones corresponderán a los diversos valores de _n_ magnitudes independientes llamadas coordenadas. Se tendrá así una imagen del continuo físico de _n_ dimensiones, y esta imagen será tan fiel como pueda serlo desde el momento que no se quiere dejar subsistir la contradicción de que hablaba más arriba.

§ 4. _La noción de punto._

Ahora parece que la cuestión que nos planteábamos al principio está resuelta. Cuando decimos que el espacio tiene tres dimensiones, se dirá, queremos expresar que el conjunto de los puntos del espacio satisface a la definición que acabamos de dar del continuo físico de tres dimensiones. Contentarse con esto sería suponer que sabemos qué es el conjunto de los puntos del espacio o, aun, un punto del espacio.

Pues bien, esto no es tan simple como podría creerse. Todo el mundo cree saber qué es un punto y, por lo mismo que lo sabemos demasiado bien, creemos no tener necesidad de definirlo. No se puede exigir, por cierto, que sepamos definirlo, pues remontando de definición en definición es forzoso que llegue el momento en que uno se detenga. Pero, ¿en qué momento uno debe detenerse?

En primer lugar, se detendrá cuando llegue a un objeto que sea perceptible por nuestros sentidos o que podamos representarnos; en tal caso la definición se volverá inútil. No se define el carnero a un niño; se le dice: _he aquí_ un carnero.

Entonces, debemos preguntarnos si es posible representarse un punto del espacio. Aquellos que responden sí no reflexionan que ellos se representan, en realidad, un punto blanco hecho con tiza en el pizarrón o un punto negro hecho con una pluma sobre papel blanco, y que no pueden representarse más que un objeto, o, mejor, las impresiones que ese objeto produciría en sus sentidos.

Cuando tratan de representarse un punto, se representan las impresiones que les harían experimentar los objetos muy pequeños. Es inútil agregar que dos objetos diferentes, aunque ambos muy pequeños, podrán producir impresiones extremadamente diferentes, pero no insisto en esta dificultad que, sin embargo, exigiría alguna discusión.

Mas no se trata de esto; no basta representarse *un* punto; es necesario representarse *tal* punto y tener el medio para distinguirlo de *otro* punto. En efecto, para que podamos aplicar a un continuo la regla que he expuesto más arriba, y por la cual se puede reconocer el número de sus dimensiones, debemos apoyarnos en el hecho de que dos elementos de ese continuo, unas veces pueden ser discernidos y otras no. Es menester, pues, que sepamos representarnos en ciertos casos *tal* elemento y distinguirlo de *otro* elemento.

La cuestión es saber si el punto que me representaba hace una hora, es el mismo que me represento ahora o si es un punto diferente. En otros términos, ¿cómo sabemos si el punto ocupado por el objeto *A* en el instante *a* es el mismo que el punto ocupado por *B* en el instante *β*? O mejor todavía, ¿qué quiere decir esto?

Estoy sentado en mi habitación y un objeto está colocado sobre mi mesa. No me muevo durante un segundo, nadie toca el objeto. Siento la tentación de decir que el punto *A* que ocupaba ese objeto al principio de este segundo es idéntico al punto *B* que ocupa al final. Nada de eso; del punto *A* al punto *B* hay 30 km, pues el objeto ha sido arrastrado por el movimiento de la Tierra. No podremos saber si un objeto, muy pequeño o no, no ha cambiado de posición absoluta en el espacio; no solamente no podemos afirmarlo, sino que esta afirmación no tiene sentido alguno y, en todo caso, no puede corresponder a ninguna representación.

Pero entonces podemos preguntarnos si la posición relativa de un objeto con relación a otros objetos, ha variado o no, y, en primer lugar, si la posición relativa de este objeto respecto de nuestro cuerpo ha variado. Si las impresiones que nos causa este objeto no han cambiado, nos inclinaremos a juzgar que esa posición relativa tampoco ha cambiado; si han cambiado, juzgaremos que ese objeto ha cambiado de estado o bien de posición relativa. Queda por decidir cuál de las dos. He explicado en *La ciencia y la hipótesis* (²⁵*) cómo hemos sido inducidos a distinguir los cambios de posición. Por otra parte, volveré a ello más adelante. Llegamos a saber, pues, si la posición relativa de un objeto con respecto a nuestro cuerpo ha permanecido invariable o no. Si ahora vemos que dos objetos han conservado su posición relativa con respecto a nuestro cuerpo, deducimos que la posición relativa de esos dos objetos, uno con respecto al otro, no ha cambiado, pero no llegamos a esta condición sino por un razonamiento indirecto. La única cosa que conocemos directamente es la posición relativa de los objetos con respecto a nuestro cuerpo.

A fortiori no es más que por un razonamiento indirecto *como creemos* saber (y aun esta creencia es engañosa) si ha cambiado la posición absoluta del objeto. En suma, el sistema de ejes de coordenadas con las cuales relacionamos naturalmente todos los objetos exteriores, es un sistema de ejes invariablemente ligado a nuestro cuerpo, y que transportamos a todas partes con nosotros.

Es imposible representarse el espacio absoluto; cuando quiero representarme simultáneamente objetos y a mí mismo en movimiento en el espacio absoluto, en realidad me represento a mí mismo, inmóvil, mirando moverse a mi alrededor diversos objetos y un hombre que es exterior a mí, pero que convengo en llamar yo.

¿Estará resuelta la dificultad *cuando* se consienta en referir todo a estos ejes ligados a nuestro cuerpo? ¿Sabemos esta vez qué es un punto, definido así por su posición relativa con respecto a nosotros? Mucha gente responderá sí y dirá que «localiza» los objetos exteriores.

¿Qué quiere decir *eso*? Localizar un objeto quiere decir simplemente representarse los movimientos que sería menester hacer para alcanzarlo. Me explicaré: no se trata de representarse los movimientos mismos, sino únicamente de representarse las sensaciones musculares que acompañan a estos movimientos y que no suponen la preexistencia de la noción de espacio.

Si suponemos dos objetos diferentes que vienen sucesivamente a ocupar la misma posición relativa con respecto a nosotros, las impresiones que nos causarán estos dos objetos serán muy diferentes; si los localizamos en el mismo punto es simplemente porque se deben hacer los mismos movimientos para alcanzarlos; aparte esto no se comprende bien qué podría tener de común.

Mas, dado un objeto, se pueden concebir muchas series de movimientos diferentes que igualmente permitirían alcanzarlo. Entonces, si nos representamos un punto representándonos la serie de movimientos musculares que permitirían alcanzarlo, se tendrán muchas maneras enteramente diferentes de representarse un mismo punto. Si uno no quiere contentarse con esta solución y, por ejemplo, se quiere hacer intervenir a las sensaciones visuales al lado de las sensaciones musculares, se tendrán una o dos maneras más de representarse ese mismo punto, y la dificultad no habrá hecho más que aumentar. De todas maneras se plantea la cuestión siguiente: ¿por qué juzgamos que todas esas representaciones tan diferentes entre sí, representan sin embargo un mismo punto?

Otra observación: acabo de decir que relacionamos *naturalmente los objetos exteriores con nuestro propio cuerpo*; que, por decirlo así, transportamos a todas partes con nosotros, un sistema de ejes a los cuales referimos todos los puntos del espacio, y que ese sistema de ejes está como invariablemente ligado a nuestro cuerpo. Se debe observar que, rigurosamente, sólo se podría hablar de ejes invariablemente ligados al cuerpo si las diversas partes del cuerpo estuvieran ellas mismas invariablemente ligadas entre sí. Como no es así, debemos, antes de referir los objetos exteriores a esos ejes ficticios, suponer a nuestro cuerpo puesto de nuevo en la misma actitud.

§ 5. *La noción de movimiento.*

En *La ciencia y la hipótesis* ([26]) he mostrado el papel preponderante desempeñado por los movimientos de nuestro cuerpo en la génesis de la noción de espacio. Para un ser completamente inmóvil, no habría ni espacio ni geometría; sería en vano que los objetos exteriores se movieran alrededor de él; las variaciones que

([26]) Op. cit., parte 1ª, cap. IV, pág. 68 y sig.

esos movimientos harían experimentar a sus impresiones no serían atribuídas por este ser a los cambios de posición, sino a simples cambios de estado; este ser no tendría ningún medio de distinguir esas dos clases de cambios, y esta distinción, fundamental para nosotros, no tendría ningún sentido para él.

Los movimientos que imprimimos a nuestros miembros tienen por efecto hacer variar las impresiones producidas sobre nuestros sentidos por los objetos exteriores. Otras causas pueden igualmente hacerlas variar, pero seríamos inducidos a distinguir los cambios producidos por nuestros propios movimientos y los discernimos fácilmente por dos razones: 1º, porque son voluntarios; 2º, porque están acompañados de sensaciones musculares.

De este modo, distribuímos naturalmente los cambios de estado que pueden experimentar nuestras impresiones en dos categorías que he llamado con nombres quizá impropios: 1º, los cambios internos, que son voluntarios y acompañados de sensaciones musculares; 2º, los cambios externos, cuyos caracteres son opuestos.

Observamos después que entre los cambios externos hay los que pueden ser corregidos mediante un cambio interno que vuelva todo al estado primitivo; otros no pueden ser corregidos de esa manera (así es cómo, cuando se ha movido un objeto exterior, podemos, moviéndonos nosotros mismos, colocarnos respecto de ese objeto en la misma situación relativa, de manera de restablecer el conjunto de impresiones primitivas. Si ese objeto no se ha movido, pero ha cambiado de estado, esto no es posible). De allí una nueva distinción entre los cambios externos: a los que así puedan ser corregidos, los llamamos cambios de posición y a los otros cambio de estado.

Supongamos, por ejemplo, una esfera cuyos hemisferios sean uno azul y el otro rojo; ella nos presenta el hemisferio azul, luego gira sobre sí misma de manera de presentarnos el hemisferio rojo. Ahora, sea un recipiente esférico que contiene un líquido azul que se vuelve rojo a consecuencia de una reacción química. En los dos casos, la sensación de rojo ha reemplazado a la de azul; nuestros sentidos han experimentado las mismas impresiones que se han sucedido en el mismo orden y, sin embargo, esos dos cambios son conside-

rados por nosotros como muy diferentes; el primero es
un movimiento; el segundo, un cambio de estado. ¿Por
qué?

Porque, en el primer caso, me basta girar alrededor
de la esfera para colocarme enfrente del hemisferio
rojo y restablecer la primitiva sensación roja.

Además, si los dos hemisferios, en lugar de ser rojo
y azul, hubieran sido amarillo y verde, ¿cómo se habría
traducido para mí la rotación de la esfera? Hace un
instante el rojo sucedía al azul; ahora el verde sucede
al amarillo. No obstante, digo que las dos esferas han
experimentado la misma rotación, que tanto una como
otra han girado alrededor de sus ejes; sin embargo, no
puedo decir que el verde sea al amarillo como el rojo
es al azul. Entonces, ¿cómo soy inducido a juzgar que
las dos esferas han experimentado el mismo movimiento? Evidentemente, porque en ambos casos puedo
restablecer la sensación primitiva girando alrededor
de la esfera, haciendo los mismos movimientos, y sé
que he hecho los mismos movimientos porque he experimentado las mismas sensaciones musculares. Para
saberlo, pues, no he tenido necesidad de saber geometría, de antemano, y de representarme los movimientos
de mi cuerpo en el espacio geométrico.

Otro ejemplo. Un objeto se ha movido delante de mi
vista; su imagen, que se formaba en el centro de la
retina, se forma después en el borde; la sensación antigua me era trasmitida por una fibra nerviosa que ter-
mina en el centro de la retina; la sensación nueva me
es trasmitida por *otra* fibra nerviosa que parte del
borde de la retina. Estas dos sensaciones son cualitativamente diferentes; sin esto, ¿cómo podría distinguirlas?

Entonces, ¿por qué soy conducido a juzgar que estas
dos sensaciones, cualitativamente diferentes, representan una misma imagen que se ha movido? Porque puedo *seguir al objeto con la vista* y, por un movimiento
voluntario del ojo, acompañado de sensaciones musculares, volver la imagen al centro de la retina y restablecer la sensación primitiva.

Supongo que la imagen de un objeto rojo haya ido
del centro *A* al borde *B* de la retina; luego que la imagen de un objeto azul vaya, a su vez, del centro *A* al
borde *B* de la retina; juzgaré que esos dos objetos han

experimentado el *mismo* movimiento. ¿Por qué? Porque tanto en un caso como en el otro, habré podido restablecer la sensación primitiva. Para esto habré debido ejecutar el *mismo* movimiento con el ojo, y sabré que mi ojo ha ejecutado el mismo movimiento porque he experimentado las *mismas* sensaciones musculares.

Si no pudiera mover mi ojo, ¿tendría alguna razón para admitir que la sensación del rojo en el centro de la retina es a la sensación del rojo en el borde de la retina, como la de azul en el centro es a la del azul en el borde? No tendría más que cuatro sensaciones cualitativamente diferentes, y si se me preguntara si ellas están ligadas por la proporción que acabo de enunciar, la pregunta me parecería ridícula, lo mismo que si se me preguntara si hay una proporción análoga entre una sensación auditiva, una sensación táctil y una sensación olfativa.

Examinemos ahora los cambios internos, es decir, aquellos que son producidos por los movimientos voluntarios de nuestro cuerpo y que son acompañados de cambios musculares. Ellos darán lugar a las dos observaciones siguientes, análogas a las que acabamos de hacer para los cambios externos:

1º Puedo suponer que mi cuerpo se haya trasladado de un punto a otro, pero conservando la misma *actitud;* todas las partes de ese cuerpo han conservado o recuperado, pues, la misma posición *relativa,* aunque su posición absoluta en el espacio haya variado. Igualmente puedo suponer que no sólo la posición de mi cuerpo ha cambiado, sino que su actitud no es más la misma; que, por ejemplo, mis brazos que hace un instante estaban flexionados, ahora están extendidos.

Debo distinguir, pues, los simples cambios de posición sin cambio de actitud, y los cambios de actitud. Unos y otros se me aparecen bajo la forma de sensaciones musculares. Entonces, ¿cómo soy inducido a distinguirlos? Porque los primeros pueden servir para corregir un cambio externo y los otros, no, o por lo menos, sólo pueden dar una corrección imperfecta.

Ese es un hecho que voy a explicar como lo explicaría a alguien que ya supiera geometría, pero no debe concluírse que sea necesario saberla para hacer esta distinción. Antes de saberla, compruebo el hecho (experimentalmente, por decirlo así) sin poder explicarlo. Mas para hacer la distinción entre las dos especies de cambios, no tengo necesidad de *explicar* el hecho: me basta *comprobarlo.*

Como quiera que sea, la explicación es fácil. Supongamos que un objeto exterior se haya movido. Si queremos que las diversas partes de nuestro cuerpo recuperen su posición relativa inicial con respecto a ese objeto, es necesario que estas diversas partes hayan recuperado igualmente su posición relativa inicial, unas con respecto a otras. Sólo los cambios internos que satisfagan a esta última condición serán susceptibles de corregir el cambio externo producido por el movimiento de ese objeto. Luego, si la posición relativa de mi ojo con respecto a mi dedo ha cambiado, podré volver el ojo a su posición relativa inicial respecto del objeto, y restablecer así las sensaciones visuales primitivas, pero entonces la posición relativa del dedo con respecto al objeto habrá cambiado y las sensaciones táctiles no serán restablecidas.

2º Igualmente comprobamos que un mismo cambio externo puede ser corregido por dos cambios internos correspondientes a sensaciones musculares diferentes. Aun aquí puedo hacer esta comprobación sin saber geometría, y no tengo necesidad de otra cosa, pero voy a dar la explicación del hecho empleando el lenguaje geométrico. Para pasar de la posición A a la posición B, puedo seguir muchos caminos. Al primero de estos caminos corresponderá una serie S de sensaciones musculares; a un segundo camino corresponderá otra serie S'' de sensaciones musculares que, en general, serán completamente diferentes, puesto que serán otros músculos los que habrán entrado en juego.

¿Por qué soy inducido a considerar esas dos series S y S'' como correspondientes a un mismo movimiento AB? Porque esas dos series son susceptibles de corregir un mismo cambio externo. Aparte esto no tienen nada de común.

Consideremos ahora dos cambios externos a y β que serán, por ejemplo, la rotación de una esfera mitad azul y mitad roja, y la de una esfera mitad amarilla y mitad verde. Estos dos cambios no tienen nada de común, puesto que uno se traduce para nosotros en el pasaje del azul al rojo, y el otro por el pasaje del amarillo al verde. Examinemos, por otra parte, dos series de cambios internos S y S'', que tampoco tendrán nada de común. Y, sin embargo, digo que a y β corresponden al mismo movimiento. ¿Por qué? Simplemente porque S puede corregir a β tan bien como a a y porque a puede ser corregido por S'' tan bien como por S. Entonces se plantea una cuestión: si se ha comprobado que S corrige a a y β y que S'' corrige a a, ¿estoy seguro de que S'' corrige igualmente a β? Sólo la experiencia puede enseñarnos si esta ley se verifica. Si no se verificara, por lo menos aproximadamente, no habría geometría ni habría espacio, porque no tendríamos más interés en clasificar los cambios externos e internos como acabo de hacerlo, y, por ejemplo, en distinguir los cambios de estado de los cambios de posición.

Es interesante ver cuál ha sido el papel de la experiencia en todo esto. Me ha mostrado que cierta ley se verifica aproximadamente. No me ha enseñado *cómo* es el espacio ni que él satisface a la condición de que se trata. En efecto, antes de toda experiencia yo sabía que el espacio satisfacía a esta condición o que él no existiría. No puedo decir tampoco que la experiencia me ha enseñado que la geometría es posible; comprendo que la geometría es posible puesto que ella no implica contradicción. La experiencia me ha enseñado solamente que la geometría es útil.

§ 6. *El espacio visual.*

Aunque, como acabo de explicarlo, las impresiones motrices hayan tenido una influencia totalmente preponderante en la génesis de la noción de espacio, que no habría nacido jamás sin ellas, no carecerá de ·interés examinar también el papel de las sensaciones visuales e investigar cuántas dimensiones tiene el «espacio visual» y aplicar para eso la definición del parágrafo tres a esas impresiones.

Una primera dificultad se presenta; consideremos una sensación coloreada de rojo que impresiona cierto punto de la retina y, por otra parte, una sensación coloreada de azul que impresiona el mismo punto. Es necesario que tengamos algún medio para reconocer que esas dos sensaciones, cualitativamente diferentes, tienen algo de común. Ahora bien, según las consideraciones expuestas en el parágrafo precedente, no hemos podido reconocerlo sino por los movimientos del ojo y las observaciones a que han dado lugar. Si el ojo estuviera inmóvil, o si no tuviéramos conciencia de sus movimientos, no habríamos podido reconocer que esas dos sensaciones de calidad diferente tenían algo de común; no habríamos podido separarlas, lo que les da un carácter geométrico. Sin las sensaciones musculares, las sensaciones visuales no tendrían, pues, nada de geométrico, de modo que se puede decir que no hay espacio visual puro.

Para salvar esta dificultad examinemos únicamente sensaciones de la misma naturaleza, por ejemplo sensaciones rojas, que no difieran entre sí más que por el punto de la retina que impresionan. Es evidente que no tengo razón alguna para hacer una elección tan arbitraria entre todas las sensaciones visuales posibles para reunir en una misma clase todas las sensaciones de un mismo color, cualquiera que sea el punto de la retina afectado. Si no lo hubiera aprendido de antemano, jamás habría pensado en distinguir, por el medio que acabamos de ver, los cambios de estado de los cambios de posición. Es decir, si mi ojo estuviera inmóvil, dos sensaciones del mismo color que afectan dos partes diferentes de la retina se me aparecerían como cualitativamente diferentes, del mismo modo que dos sensaciones de color diferente.

Circunscribiéndome a las sensaciones rojas, me impongo una limitación artificial y descuido sistemáticamente todo un aspecto de la cuestión, pero sólo con este artificio puedo analizar el espacio visual sin mezclar en él sensaciones motrices.

Imaginemos una línea trazada sobre la retina que divida en dos su superficie. Pongamos aparte las sensaciones rojas que afectan un punto de esta línea, o aquellas que difieran demasiado poco para poder ser discernidas. El conjunto de esas sensaciones formará una especie de cortadura que llamaré *C*, y es evidente que esta cortadura basta para dividir el conjunto de las sensaciones rojas posibles y que si tomo dos sensaciones rojas que impresionan dos puntos situados a uno y otro lado de la línea, no podré pasar de una de estas sensaciones a la otra de una manera continua, sin pasar, en un cierto instante, por una sensación perteneciente a la cortadura.

Luego, si la cortadura tiene n dimensiones, el conjunto total de mis sensaciones rojas o, si se quiere, el espacio visual total tendrá $n + 1$.

Ahora considero las sensaciones rojas que impresionan un punto de la cortadura C. El conjunto de esas sensaciones formará una nueva cortadura C'. Es claro que esta *dividirá* a la cortadura C, dando siempre el mismo sentido a la palabra dividir.

Luego si la cortadura C' tiene n dimensiones, la cortadura C tendrá $n + 1$ y el espacio visual $n + 2$.

Si todas las sensaciones rojas que impresionan un mismo punto de la retina fueran consideradas como idénticas, reduciéndose la cortadura C' a un elemento único, tendría 0 dimensión, y el espacio visual tendrá 2.

Sin embargo, muy a menudo se dice que la vista nos da la sensación de una tercera dimensión y nos permite, en una cierta medida, reconocer la distancia de los objetos. Cuando se procura analizar esa sensación se comprueba que ella se reduce a la conciencia de la convergencia de los ojos, o bien a la del esfuerzo de acomodación que hace el músculo ciliar para poner la imagen en su punto.

Dos sensaciones rojas que afectan el mismo punto de la retina no serán, pues, consideradas como idénticas, más que si están acompañadas por una misma sensación de convergencia y también por una misma sensación de esfuerzo de acomodación o, por lo menos, por sensaciones de convergencia y de acomodación bastante poco diferentes para no poder ser discernidas.

Según eso, la misma cortadura C' es un continuo y la cortadura C tiene más de una dimensión.

Pero justamente ocurre que la experiencia nos enseña que cuando dos sensaciones visuales son acompañadas por una misma sensación de convergencia, son igualmente acompañadas por una misma sensación de acomodación.

Si entonces formamos una nueva cortadura C'' con

todas aquellas sensaciones de la cortadura C' que son acompañadas de una cierta sensación de convergencia según la ley precedente, serán todas indiscernibles y podrán ser consideradas como idénticas, pues C'' no será un continuo y tendrá 0 dimensión; y como C'' divide a C', resultará que C' tiene una, C dos y que el *espacio visual total tiene tres.*

Pero, ¿sería lo mismo si la experiencia nos hubiera enseñado lo contrario y si una cierta sensación de convergencia no estuviera siempre acompañada por una misma sensación de acomodación? En ese caso, dos sensaciones que impresionan el mismo punto de la retina y son acompañadas por una misma sensación de convergencia, dos sensaciones que, por consiguiente, pertenecerían ambas a la cortadura C'', podrían, no obstante, ser discernidas porque serían acompañadas por diferentes sensaciones de acomodación. Luego C'' sería, a su vez, continuo y tendría una dimensión (por lo menos); entonces C' tendría dos, C tres, y el *espacio visual total tendría cuatro.*

¿Se ha de decir entonces que es la experiencia quien nos enseña que el espacio tiene tres dimensiones, puesto que, partiendo de una ley experimental, hemos llegado a atribuírle tres? Pero allí no hemos hecho, por decir así, más que una experiencia de fisiología y así como bastaría adoptar sobre los ojos cristales de construcción conveniente para hacer cesar el acuerdo entre las sensaciones de convergencia y de acomodación, ¿vamos a decir que basta ponerse gafas para que el espacio tenga cuatro dimensiones, y que el óptico que las ha construído ha dado una dimensión más al espacio? Evidentemente, no; todo lo que podemos decir es que la experiencia nos ha enseñado que es cómodo atribuir tres dimensiones al espacio.

Pero el espacio visual no es más que parte del espacio y en la misma noción de este espacio hay algo de artificial, como lo he explicado al principio. El verdadero espacio es el motor y ése es el que examinaremos en el capítulo siguiente.

Capítulo IV

El espacio y sus tres dimensiones

§ 1. El grupo de los movimientos.

Resumamos brevemente los resultados obtenidos. Nos proponíamos investigar qué se quiere expresar cuando se dice que el espacio tiene tres dimensiones y nos hemos preguntado primeramente qué es un continuo físico y cuándo se puede decir que tiene n dimensiones. Si consideramos diversos sistemas de impresiones y los comparamos entre sí, reconocemos, con frecuencia, que dos de esos sistemas de impresiones no pueden ser discernidos (lo que se expresa ordinariamente diciendo que son demasiado vecinos entre sí, y que nuestros sentidos son demasiado groseros para distinguirlos), y comprobamos además que dos de esos sistemas, algunas veces pueden ser discernidos, uno de otro, aunque sean indiscernibles de un mismo tercero. Si así ocurre se dice que el conjunto de esos sistemas de impresiones forma un continuo físico C. Y cada uno de esos sistemas se llamará un *elemento* del continuo C.

¿Cuántas dimensiones tiene ese continuo? Tomemos primeramente dos elementos A y B de C y supongamos que existe una sucesión Σ de elementos todos pertenecientes al continuo C, de tal manera que A y B sean los dos términos extremos de esta sucesión y que cada término de la sucesión no se pueda distinguir del precedente. Si se puede encontrar una semejante sucesión Σ, diremos que A y B están *unidos* entre sí y si dos elementos cualesquiera de C están unidos entre sí, diremos que C es simplemente conexo.

Elijamos ahora en el continuo C un cierto número de elementos, de una manera totalmente arbitraria. El conjunto de esos elementos se llamará una *cortadura*. Entre las sucesiones Σ que unen A con B, distinguiremos aquéllas en las que un elemento es indiscernible de uno de los elementos de la cortadura (diremos que son ésas que *cortan* la cortadura) y aquéllas cuyos elementos son *todos* discernibles de todos los de la cortadura. Si todas las sucesiones Σ que unen A con B cortan la cortadura, diremos que *A* y *B* están *separados* por la cortadura, y que la cortadura *divide* a *C*. Si no se puede encontrar en *C* dos elementos que estén separados por la cortadura, diremos que la cortadura no *divide* a *C*.

Establecidas estas definiciones, si el continuo *C* puede ser dividido por cortaduras que no formen ellas mismas un continuo, ese continuo *C* no tiene más que una dimensión; en caso contrario tiene varias. Si para dividir *C* basta una cortadura que forme un continuo de una dimensión, *C* tendrá dos dimensiones; si basta una cortadura que forme un continuo de dos dimensiones, *C* tendrá tres dimensiones, etc.

Gracias a estas definiciones, siempre se podrá reconocer cuántas dimensiones tiene un continuo físico cualquiera. No queda más que encontrar un continuo físico que sea, por decir así, equivalente al espacio, de tal manera que a todo punto del espacio corresponda un elemento de ese continuo, y que a los puntos del espacio muy próximos entre sí correspondan elementos que no se puedan distinguir. El espacio tendrá entonces tantas dimensiones como ese continuo.

El intermediario de ese continuo físico, susceptible de representación, es indispensable porque no podemos representarnos el espacio, y esto por una multitud de razones. El espacio es un continuo matemático y es infinito, y no podemos representarnos más que continuos físicos y objetos finitos. Los diversos elementos del espacio que llamamos puntos son todos semejantes entre sí, y para aplicar nuestra definición es necesario que sepamos discernir los elementos unos de otros, al menos si son demasiado próximos. En fin, el espacio absoluto es un contrasentido, y nos es necesario comenzar por referirlo a un sistema de ejes invariablemente ligados a nuestro cuerpo (que siempre debemos suponer vuelto a una misma actitud).

Después he tratado de formar con nuestras sensaciones visuales, un continuo físico equivalente al espacio. Sin duda eso es fácil, y este ejemplo es particularmente apropiado para la discusión del número de dimensiones. Esa discusión nos ha permitido ver en qué medida está permitido decir que el «espacio visual» tiene tres dimensiones. Sólo que esta solución es incompleta y artificial, he explicado por qué, y no es al espa-

cio visual sino al espacio motor adonde es necesario
llevar nuestro esfuerzo.

He recordado después cuál es el origen de la distinción que hacemos entre los cambios de posición y los
cambios de estado.

Entre los cambios que se producen en nuestras impresiones, distinguimos primeramente los cambios *internos* voluntarios y acompañados de sensaciones musculares, de los cambios *externos* cuyos caracteres *son*
opuestos. Comprobamos que puede ocurrir que un cambio externo sea *corregido* por un cambio interno que
restablezca las sensaciones primitivas. Los cambios
externos susceptibles de ser corregidos por un cambio
interno se llaman *cambios de posición;* los que no son
susceptibles de ello se llaman *cambios de estado.* Los
cambios internos susceptibles de corregir un cambio
externo se llaman *movimientos del cuerpo en bloque;*
los otros se llaman *cambios de actitud.*

Sean ahora a y β dos cambios externos, a' y β' dos
cambios internos. Supongamos que a pueda ser corregido por a o por β'; y que a' pueda corregir a a o bien
a β; la experiencia nos enseña que entonces β' puede
igualmente corregir a β. En ese caso, diremos que a
y β corresponden al *mismo* movimiento y, lo mismo,
que a' y β' corresponden al *mismo* movimiento.

Esto sentado, podemos imaginar un continuo físico
que llamaremos el *continuo o el grupo de los movimientos* y que definiremos de la manera siguiente: Los elementos de ese continuo serán los cambios internos
susceptibles de corregir un cambio externo. Dos de esos
cambios internos a' y β' serán considerados como indiscernibles: 1º, si lo son naturalmente, es decir, si
son demasiado próximos entre sí; 2º, si a' es susceptible de corregir el mismo cambio externo que un tercer
cambio interno, naturalmente indiscernible de β'. En
este segundo caso serán, por decir así, indiscernibles
por convención, quiero decir, conviniendo en hacer abstracción de las circunstancias que podrían hacerlos
distinguir.

Ahora nuestro continuo está enteramente definido,
puesto que conocemos sus elementos y hemos precisado
en cuáles condiciones pueden ser considerados como indiscernibles. Tenemos así todo lo necesario para aplicar
nuestra definición y determinar cuántas dimensiones

tiene ese continuo. Reconoceremos que tiene *seis*. El continuo de los movimientos no es, pues, equivalente al espacio, puesto que el número de dimensiones no es el mismo; está solamente emparentado con el espacio.

¿Cómo sabemos entretanto que ese continuo de los movimientos tiene seis dimensiones? Lo sabemos *por experiencia*.

Sería fácil describir las experiencias por las cuales podríamos llegar a ese resultado. Se vería que en ese continuo se pueden practicar cortaduras que lo dividen y que son continuos; que se pueden dividir estas mismas cortaduras por otras cortaduras de segundo orden que todavía son continuos, y que uno no se detendría sino después de las cortaduras de sexto orden, que ya no serían continuos. Según nuestras definiciones esto querría decir que el grupo de los movimientos tiene seis dimensiones.

Esto sería fácil, pero bastante largo y, ¿no sería un poco superficial? Ese grupo de los movimientos, lo hemos visto, está emparentado con el espacio y se podría deducir de él el espacio mismo, pero no es equivalente al espacio, puesto que no tiene el mismo número de dimensiones, y aun cuando hayamos mostrado cómo la noción de ese continuo puede formarse y cómo se puede deducir de ella la del espacio, siempre se podría preguntar por qué el espacio de tres dimensiones nos es mucho más familiar que ese continuo de seis dimensiones y dudar, por consiguiente, que sea por ese rodeo cómo se ha formado la noción de espacio en el espíritu humano.

§ 2. *Identidad de dos puntos.*

¿Qué es un punto? ¿Cómo sabremos si dos puntos del espacio son idénticos o diferentes? O, en otros términos, cuando digo que el objeto *A* ocupaba en el instante *α* el punto que ocupa el objeto *B* en el instante *β*, ¿qué es lo que quiero expresar?

Tal es el problema que nos hemos planteado en el capítulo precedente, § 4. Como lo he explicado, no se trata de comparar las posiciones de los objetos *A* y *B* en el espacio absoluto; entonces la cuestión no tendría manifiestamente ningún sentido. Se trata de comparar las posiciones de esos dos objetos con relación a ejes invariablemente ligados a mi cuerpo, suponiendo siempre a ese cuerpo colocado en la misma actitud.

Supongo que entre los instantes a y β no haya movido ni mi cuerpo ni mi ojo, de lo que soy advertido por mi sentido muscular. No he movido tampoco ni mi cabeza, ni mi brazo, ni mi mano. Compruebo que en el instante a las impresiones que atribuía al objeto A me eran transmitidas, unas por medio de las fibras de mi nervio óptico, las otras por medio de los nervios sensitivos táctiles de mi dedo, y que en el instante β, otras impresiones que atribuyo al objeto B, me son transmitidas, unas por esa misma fibra del nervio óptico, las otras por ese mismo nervio táctil.

Necesito detenerme aquí para una explicación. ¿Cómo soy advertido de que esta impresión que atribuyo a A y aquélla que atribuyo a B, y que son cualitativamente diferentes, me son transmitidas por el mismo nervio? ¿Se debe suponer, tomando como ejemplo las sensaciones visuales, que A produce dos sensaciones simultáneas: una puramente luminosa a y una sensación coloreada a'; que, del mismo modo, B produce simultáneamente una sensación luminosa b y una sensación coloreada b', que si esas diversas sensaciones me son transmitidas por una misma fibra retiniana, a es idéntica a b, pero que, en general, las sensaciones coloreadas a' y b' producidas por cuerpos diferentes, son diferentes? En ese caso la identidad de la sensación a que acompaña a a', con la sensación b que acompaña a b' sería quien nos advertiría que todas esas sensaciones me son transmitidas por la misma fibra.

Como quiera que sea esta hipótesis, y aunque fuera llevado a preferirla a otras notablemente más complicadas, es cierto que somos advertidos de alguna manera de que hay algo de común entre esas sensaciones $a + a'$ y $b + b'$, sin lo cual no tendríamos ningún medio para reconocer que el objeto B ha ocupado el lugar del objeto A.

No insisto más, pues, y repito la hipótesis que acabo de formular: supongo que haya comprobado que las impresiones que atribuyo a B me son transmitidas en el instante β por esas mismas fibras, tanto ópticas como táctiles que, en el instante a, me habían transmitido las impresiones que atribuía a A. Si ocurre así no titubearemos en declarar que el punto ocupado por B en el instante β es idéntico al punto ocupado por A en el instante α.

Acabo de enunciar dos condiciones para que esos dos puntos sean idénticos: una relativa a la vista, la otra al tacto. Considerémoslas separadamente. La primera es necesaria pero no suficiente. La segunda es, a la vez, necesaria y suficiente. Alguien que supiera geometría lo explicaría fácilmente de la siguiente manera: Sea O el punto de la retina donde se forma la imagen del cuerpo A en el instante α, M el punto del espacio ocupado por ese cuerpo A en el instante α, M' el punto del espacio ocupado por el cuerpo B en el instante β. Para que este cuerpo B forme su imagen en O, no es necesario que los puntos M y M' coincidan; como la vista se ejerce a distancia, basta que los tres puntos O, M, M', estén en línea recta. Esa condición de que los dos objetos forman su imagen en O es, pues, necesaria, pero no suficiente para que los puntos M y M' coincidan. Ahora, sea P el punto ocupado por mi dedo y donde él permanece, porque no se mueve. Como el tacto se ejerce a distancia si el cuerpo A toca mi dedo en el instante α, M y P coinciden; si B toca mi dedo en el instante β, M' y P coinciden. Por lo tanto esta condición de que si A toca mi dedo en el instante α, B lo toca en el instante β es, a la vez, necesaria y suficiente para que M y M' coincidan.

Pero nosotros, que todavía no sabemos geometría, no podemos razonar así; todo lo que podemos hacer es comprobar experimentalmente que la primera condición, relativa a la vista, puede ser satisfactoria sin que lo sea la segunda, que es relativa al tacto, pero que la segunda no puede ser satisfecha sin que la primera lo sea.

Supongamos que la experiencia nos haya enseñado lo contrario. Eso podría ser, y esta hipótesis no tiene nada de absurdo. Supongamos, pues, que hayamos comprobado experimentalmente que la condición relativa al tacto pueda ser llenada, sin que la de la vista lo sea y que, al contrario, la de la vista no pueda serlo, sin que lo sea la del tacto. Es evidente que, si fuera así, concluiríamos que el tacto es el que puede ejercerse a distancia y que la vista no puede ejercerse a distancia.

Pero eso no es todo; hasta aquí he supuesto que para determinar el lugar de un objeto hacía uso solamente de mi ojo y de un solo dedo, pero también podría emplear otros medios, por ejemplo, todos mis otros dedos.

Supongo que mi primer dedo recibe en el instante a una impresión táctil que atribuyo al objeto A. Hago una serie de movimientos correspondiente a una serie S de sensaciones musculares. A continuación de estos movimientos, en el instante a, mi *segundo* dedo recibe una impresión táctil que atribuyo igualmente a A. Después, en el instante β, sin que lo haya movido, de lo que me advierte mi sentido muscular, ese mismo segundo dedo me transmite de nuevo una impresión\ táctil que atribuyo esta vez al objeto B; hago luego una serie de movimientos correspondiente a una serie S' de sensaciones musculares. Sé que esta serie S' es inversa de la serie S y corresponde a movimientos contrarios. ¿Cómo lo sé? Porque múltiples experiencias anteriores me han mostrado con frecuencia que si hacía sucesivamente las dos series de movimientos correspondientes a S y a S', las impresiones primitivas se restablecían, es decir, que las dos series se compensaban mutuamente. Establecido esto, ¿debo esperar que en el instante β', cuando la segunda serie de movimientos haya terminado, *mi primer dedo* experimente una impresión táctil atribuíble al objeto B?

Para responder a esta pregunta, aquéllos que ya supieran geometría razonarían como sigue: Hay probabilidades de que el objeto A no se haya movido entre los instantes a y a', ni el objeto B entre los instantes β y β'; admitámoslo. En el instante a, el objeto A ocupaba un cierto punto M del espacio. Ahora bien, en ese instante, él tocaba mi primer dedo, y como el tacto no se ejerce a distancia, mi primer dedo estaba también en el punto M. A continuación he hecho la serie S de movimientos y al final de la misma, en el instante a', he comprobado que el objeto A tocaba mi segundo dedo. Por eso deduje que ese segundo dedo se encontraba entonces en M, es decir, que los movimientos S tenían por efecto conducir el segundo dedo al lugar del primero. En el instante β, el objeto B se ha puesto en contacto con mi segundo dedo; como no me he movido, ese segundo dedo ha permanecido en M. Luego el objeto B ha venido a M; por hipótesis no se mueve hasta el instante β'. Pero entre los instantes β y β' he hecho los movimientos S'; como estos movimientos son inversos de los movimientos S, deben tener por efecto conducir el primer dedo al lugar del segundo. En el instante β', este primer dedo estará, pues, en M y como el objeto B está igualmente en M, este objeto B tocará a mi primer dedo. A la cuestión planteada se debe, pues, responder sí.

En cuanto a nosotros, que todavía no sabemos geometría, no podemos razonar de esta manera, pero comprobamos que esta previsión se realiza ordinariamente y siempre podemos explicar las excepciones diciendo que el objeto A se ha movido entre los instantes a y a', o el objeto B entre los instantes β y β'.

Pero, ¿no habría podido dar un resultado contrario la experiencia? ¿Habría sido absurdo en sí este resultado contrario? Evidentemente, no. ¿Qué habríamos hecho entonces si la experiencia hubiera dado ese resultado? ¿Habría resultado así imposible toda geometría? Por nada del mundo nos habríamos limitado a concluir que *el tacto puede ejercerse a distancia.*

Cuando digo que el tacto no se ejerce a distancia, pero la vista sí, esta aserción tiene un sentido que es el siguiente: Para reconocer si B ocupa en el instante β, el punto ocupado por A en el instante a, puedo servirme de una multitud de criterios diferentes; en uno interviene mi ojo; en otro, mi primer dedo; en otro, mi segundo dedo, etc. Y bien, basta que el criterio relativo a uno de mis dedos sea satisfecho para que todos los otros lo sean, pero no basta que lo sea el criterio relativo a mi ojo. He ahí el sentido de mi aserción; me limito a afirmar un hecho experimental que se verifica ordinariamente.

Al final del capítulo precedente hemos analizado el espacio visual. Hemos visto que para engendrar este espacio es preciso hacer intervenir a las sensaciones retinianas, a la sensación de convergencia y a la sensación de acomodación; que si estas dos últimas no estuvieran siempre de acuerdo, el espacio visual tendría cuatro dimensiones en lugar de tres y, por otra parte, que si no se hiciera intervenir más que a las sensaciones retinianas, se obtendría el «espacio visual simple» que sólo tendría dos dimensiones. Por otro lado, examinemos el espacio táctil, limitándonos a las sensaciones de un solo dedo, es decir, en suma, el conjunto de posiciones que puede ocupar ese dedo. Este espacio táctil, que analizaremos en el parágrafo siguiente y acerca

del cual, en consecuencia, solicito permiso para no explicar más por el momento, tiene tres dimensiones.
¿Por qué el espacio propiamente dicho tiene tantas
dimensiones como el espacio táctil y tiene más que el
espacio visual simple? Porque el tacto no se ejerce a
distancia, mientras que la vista se ejerce a distancia.
Estas dos aserciones no tienen más que un único y
mismo sentido; acabamos de ver cuál era.

Vuelvo ahora a un punto sobre el cual me había des-
lizado rápidamente para no interrumpir la discusión.
¿Cómo sabemos que las impresiones producidas sobre
nuestra retina por A en el instante a y por B en el
instante β, nos son trasmitidas por una misma fibra
retiniana, aunque esas impresiones sean cualitativamente diferentes? He emitido una hipótesis simple,
pero agregando que otras hipótesis, notablemente más
complicadas, me parecían probablemente más exactas.
He aquí cuáles son esas hipótesis, de las que ya he
dicho algo: ¿Cómo sabemos que las impresiones producidas por el objeto rojo A en el instante a, y por el
objeto azul B en el instante β, tienen algo de común,
si estos dos objetos han formado sus imágenes en el
mismo punto de la retina? Se puede desechar la hipótesis simple que había expuesto más arriba y admitir
que esas dos impresiones, cualitativamente diferentes,
me son trasmitidas por dos fibras nerviosas diferentes
aunque contiguas.

¿Qué medio tengo entonces para saber que esas dos
fibras son contiguas? Es probable que no tuviéramos
ninguno, si el ojo estuviera inmóvil. Los movimientos
del ojo son los que nos han enseñado que existe la misma relación entre la sensación de azul en el punto A
y la sensación de azul en el punto B de la retina, que
entre la sensación de rojo en el punto A y la sensación
de rojo en el punto B. En efecto, ellos nos han mostrado
que los mismos movimientos, correspondientes a las
mismas sensaciones musculares, nos hacen pasar de la
primera a la segunda o de la tercera a la cuarta. No
insisto en estas consideraciones que, como se ve, se
relacionan con la cuestión de los signos locales, promo-
vida por Lotze ([27]).

([27]) H. LOTZE (1817-1881), filósofo y fisiólogo alemán que soste-
nía la existencia de los signos locales, esto es, de la percepción del
lugar donde se ha verificado la sensación.

§ 3. *El espacio táctil.*

De este modo, sé reconocer la identidad de dos puntos: el punto ocupado por A en el instante α y el punto ocupado por B en el instante β, pero *con una condición:* la de no haberme movido entre los instantes α y β. Esto no basta para nuestro objeto. Supongamos, pues, que me haya movido de una manera cualquiera en el intervalo de esos dos instantes, ¿cómo sabré si el punto ocupado por A en el instante α es idéntico al punto ocupado por B en el instante β? Supongo que el objeto A esté en contacto con mi primer dedo en el instante α y que, del mismo modo, el objeto B toque ese primer dedo en el instante β, pero, al mismo tiempo, mi sentido muscular me ha advertido que en el intervalo mi cuerpo se ha movido. Más arriba he examinado dos series de sensaciones musculares, S y S', y he dicho que a veces se es conducido a examinar dos semejantes series S y S' como inversas una de otra, porque a menudo hemos observado que cuando esas dos series se suceden son restablecidas nuestras impresiones primitivas.

Entonces, si mi sentido muscular me advierte que me he movido entre los dos instantes α y β, pero de manera de experimentar sucesivamente las dos series de sensaciones musculares S y S' que considero como inversas, concluiré todavía, como si no me hubiera movido, que los puntos ocupados por A en el instante α y por B en el instante β son idénticos, si compruebo que mi primer dedo toca a A en el instante α y a B en el instante β.

Esta solución no es aún completamente satisfactoria, como se verá. En efecto, observemos cuántas dimensiones nos haría atribuir al espacio. Quiero comparar los dos puntos ocupados por A y B en los instantes α y β, o, lo que viene a ser lo mismo, puesto que supongo que mi dedo toque a A en el instante α y a β en el instante β, quiero comparar los dos puntos ocupados por mi dedo en los dos instantes α y β. El único medio de que dispongo para esta comparación es la serie Σ de sensaciones musculares que han acompañado a los movimientos de mi cuerpo entre esos dos instantes. Las diversas series Σ imaginables forman, evidentemente, un continuo físico cuyo número de dimensiones es muy grande. Convengamos, como lo he hecho, en no considerar como distintas las dos series Σ y $\Sigma' + S + S'$ cuando las dos series S y S' sean inversas entre sí, en el sentido dado más arriba a este vocablo; a pesar de esta convención, el conjunto de las series Σ distintas, todavía forma un continuo físico y el número de dimensiones será menor, pero muy grande aún.

A cada una de esas series Σ corresponde un punto del espacio; a dos series Σ y Σ' corresponderán, de este modo, dos puntos M y M'. Los medios de que disponemos hasta aquí nos permiten reconocer que M y M' no son distintos en dos casos: 1º, si Σ es idéntica a Σ'; 2º, si $\Sigma' = \Sigma + S + S'$, siendo S y S' inversas entre sí. En todos los otros casos, si consideráramos a M y M' como distintos, el conjunto de los puntos tendría tantas dimensiones como el conjunto de las series Σ distintas, es decir, mucho más de 3.

En cuanto a aquéllos que ya sepan geometría, sería fácil hacerles comprender, razonando como sigue: Entre las series de sensaciones musculares imaginables, hay las que corresponden a series de movimientos en que el dedo no se mueve. Digo que si no se considera como distintas a las series Σ y $\Sigma + \sigma$ en que la serie σ corresponde a movimientos en los que el dedo no se mueve, el conjunto de las series constituirá un continuo de tres dimensiones, pero que si se consideran dos series Σ y Σ' como distintas, el conjunto de las series constituirá un continuo de más de tres dimensiones, a menos que sea $\Sigma' = \Sigma + S + S'$, siendo S y S' inversas.

En efecto, sea en el espacio una superficie A y sobre esta superficie una línea B y sobre esta línea un punto M; sea C_0 el conjunto de todas las series Σ, C_1 el conjunto de todas las series Σ tales que, al final de los movimientos correspondientes, el dedo se encuentre sobre la superficie A, y del mismo modo sea C_2 o C_3 el conjunto de las series Σ tales que al final el dedo se encuentre sobre B, o en M. En primer lugar, es evidente que C_1 constituirá una cortadura que dividirá a C_0, que C_2 será una cortadura que dividirá a C_1 y C_3 una cortadura que dividirá a C_2. Resulta de esto, según nuestras definiciones, que si C_3 es un continuo de n dimensiones, C_0 será un continuo físico de $n + 3$ dimensiones.

Sean, pues, Σ y $\Sigma' = \Sigma + \sigma$ dos series que formen parte de C_3; para ambas, el dedo se encuentra en M al final de los movimientos; de ello resulta que al comienzo y al fin de la serie σ, el dedo está en el mismo punto M. Esta serie σ es, pues, una de las que corresponden a los movimientos en que el dedo no se mueve. Si no se consideran como distintas Σ y $\Sigma + \sigma$, todas las series de C_3 se confundirán en una sola; luego C_3 tendrá 0 dimensión, y C_0, como lo quería demostrar, tendrá 3. Al contrario, si no considero a Σ y $\Sigma + \sigma$ como confundidas (a menos que $\sigma = S + S'$, siendo S y S' inversas) es claro que C_3 contendrá un gran número de series de sensaciones distintas, pues sin que el dedo se mueva, el cuerpo puede tomar una multitud de actitudes diferentes. Entonces C_3 formará un continuo y C_0 tendrá más de tres dimensiones, y esto es también lo que quería demostrar.

Nosotros, que no sabemos todavía geometría, no podemos razonar de esta manera; únicamente podemos comprobar. Pero entonces se plantea una pregunta: ¿cómo, antes de saber geometría, hemos sido inducidos a distinguir de las otras a esa serie σ en las que el dedo no se mueve? En efecto, sólo después de haber hecho esta distinción podremos ser conducidos a considerar Σ y $\Sigma + \sigma$ como idénticas, y solamente con esta condición, como acabamos de verlo, podemos llegar al espacio de tres dimensiones.

Somos inducidos a distinguir las series σ porque ocurre a menudo que, cuando hemos ejecutado los movimientos correspondientes a esas series σ de sensaciones musculares, las sensaciones táctiles, que nos son trasmitidas por el nervio del dedo que hemos llamado el primer dedo, persisten y no son alteradas por esos movimientos. La experiencia nos enseña esto y sólo ella podía enseñárnoslo.

Si habíamos distinguido las series de sensaciones musculares S y S' formadas por la reunión de dos series inversas, es porque ellas conservaban el conjunto de nuestras impresiones; si ahora distinguimos las series σ, es porque ellas conservan algunas de nuestras impresiones. (Cuando digo que una serie de sensaciones musculares S «conserva» una de nuestras impresiones A, quiero expresar que si experimentamos la impresión A y después las sensaciones musculares S, comprobamos que experimentaremos todavía la impresión *A después* de esas sensaciones *S.)*

Más arriba he dicho que a menudo ocurre que las series *σ* no alteran las impresiones táctiles experimentadas por nuestro primer dedo; he dicho *a menudo,* no he dicho *siempre;* es lo que expresamos en nuestro lenguaje habitual diciendo que la impresión táctil no será alterada si el dedo no se ha movido, *con la condición* de que el objeto *A,* que estaba en contacto con ese dedo, tampoco se haya movido. Antes de saber geometría no podemos dar esta explicación; todo lo que podemos hacer es comprobar que la impresión persiste a menudo, pero no siempre.

Pero basta que persista a menudo para que las series *σ* se nos aparezcan como *notables,* para que seamos inducidos a colocar las series *Σ* y *Σ + σ* en una misma clase y, de ahí, a no considerarlas como distintas. Hemos visto que, en esas condiciones, engendrarán un continuo físico de tres dimensiones.

He ahí, pues, un espacio de tres dimensiones engendrado por mi primer dedo. Cada uno de mis dedos engendrará uno semejante. Lo que nos queda por examinar es cómo somos conducidos a considerarlos como idénticos al espacio visual o al espacio geométrico.

Pero antes de ir más adelante, hagamos una reflexión. Según lo que precede, *no conocemos los puntos del espacio o,* más generalmente, la *posición* final de nuestro cuerpo, sino por la serie de sensaciones musculares que nos revelan los movimientos que nos han hecho pasar de una cierta posición inicial a esta posición final. Pero es evidente que esta posición final dependerá, por una parte, de esos movimientos y, *por otra parte, de la posición inicial,* de donde hemos partido. Ahora bien, esos movimientos nos son revelados por nuestras sensaciones musculares, pero nada nos hace conocer la posición inicial, nada puede hacérnosla distinguir de todas las otras posiciones posibles. He ahí lo que pone bien en evidencia la relatividad esencial del espacio.

§ 4. *Identidad de los diversos espacios.*

Somos, pues, inducidos a comparar los dos continuos *C* y *C'* engendrados, por ejemplo, uno por mi primer dedo *D,* otro por mi segundo dedo *D'.* Ambos continuos físicos tienen tres dimensiones. A cada elemento del continuo C o, si se prefiere expresarlo así, a cada punto del primer espacio táctil, corresponde una serie de sensaciones musculares Σ que me hacen pasar de una cierta posición inicial a una cierta posición final (*). Además, un mismo punto de ese primer espacio corresponderá a Σ y $\Sigma + \sigma$, si σ es una serie de la que sabemos que no hace mover el dedo D.

Del mismo modo, a cada elemento del continuo C', o a cada punto del segundo espacio táctil, corresponderá una serie de sensaciones Σ', y un mismo punto corresponderá a Σ' y a $\Sigma' + \sigma$, si σ es una serie que no hace mover el dedo D'.

Lo que nos hace distinguir, pues, las dos series σ y σ', es que las primeras no alteran las impresiones táctiles experimentadas por el dedo D y que las segundas conservan las que experimenta el dedo D'.

Ahora bien, he aquí lo que comprobamos: al principio mi dedo D' experimentaba una sensación A'; hago movimientos que producen las sensaciones musculares S; mi dedo D experimenta la impresión A; hago movimientos que producen una serie de sensaciones σ; mi dedo D persiste en experimentar la impresión A, puesto que es la propiedad característica de la serie σ; a continuación hago movimientos que producen la serie S' de sensaciones musculares, *inversa* de S en el sentido dado más arriba a esta palabra. Entonces compruebo que mi dedo D experimenta de nuevo la impresión A'. (Bien entendido que para esto es necesario que S haya sido convenientemente elegida.)

Quiere decir que la serie $S + \sigma + S'$, que conserva las impresiones táctiles del dedo D' es una de las series que he llamado σ'. Inversamente, si se toma una serie σ' cualquiera, $S' + \sigma' + S$ será una de las series que llamamos σ.

De este modo, si S es convenientemente elegida, $S + \sigma + S'$ será una serie σ', y haciendo variar a σ' de todas las maneras posibles, se obtendrán todas las series σ posibles.

No sabiendo todavía geometría, nos limitamos a com-

* En lugar de decir que referimos el espacio a ejes invariablemente ligados a nuestro cuerpo, acaso valdría más decir, conforme a lo que precede, que lo referimos a ejes invariablemente ligados a la posición inicial de nuestro cuerpo. (Nota del autor.)

probar todo esto; mas he aquí cómo explicarían el hecho aquellos que saben geometría: Al principio mi dedo D' está en el punto M, en contacto con el objeto a que le hace experimentar la impresión A'; hago los movimientos correspondientes a la serie S. He dicho que esta serie debía ser elegida convenientemente; debo hacer esta elección de tal manera que esos movimientos conduzcan el dedo D al punto primitivamente ocupado por el dedo D', es decir, al punto M; este dedo D estará así en contacto con el objeto a, que le hará experimentar la impresión A.

A continuación hago los movimientos correspondientes a la serie σ; en esos movimientos, por hipótesis, no cambia la posición del dedo D; este dedo permanece, pues, en contacto con el objeto a y continúa experimentando la impresión A. Hago, por fin, los movimientos correspondientes a la serie S'. Como S' es inversa de S, estos movimientos llevarán al dedo D' al punto ocupado primitivamente por el dedo D, es decir, al punto M. Si, como está permitido suponerlo, el objeto a no se ha movido, ese dedo D' se encontraría en contacto con este objeto y experimentará de nuevo la impresión A'.

Veamos las consecuencias. Considero una serie Σ de sensaciones musculares; a esta serie corresponderá un punto M del espacio táctil. Volvamos a tomar las dos series S y S', inversas entre sí, de las cuales acabamos de hablar. A la serie $S + \Sigma + S'$ corresponderá un punto N del segundo espacio táctil, puesto que, como lo hemos dicho, a una serie cualquiera de sensaciones musculares corresponde un punto en el primer espacio, o bien en el segundo.

Voy a considerar los dos puntos N y M así definidos como correspondientes. ¿Qué me autoriza a ello? Para que esta correspondencia sea admisible, es menester que, si hay identidad entre los dos puntos M y M' que corresponden en el primer espacio a dos series Σ y Σ', haya también identidad entre los dos puntos N y N' del segundo espacio, es decir, entre los dos puntos que corresponden a las dos series $S + \Sigma + S'$ y $S' + \Sigma' + S'$. Ahora bien, vamos a ver que esta condición es satisfecha.

Hagamos primero una advertencia. Como S y S' son inversas entre sí, se tendrá $S + S' = 0$ y por consiguiente $S + S' + \Sigma = \Sigma + S + S' = \Sigma$, o todavía

$\Sigma + S + S' + \Sigma = \Sigma + \Sigma'$, pero no se deduce que se tenga $S + \Sigma + S' = \Sigma$, pues, aunque hayamos empleado el signo de la adición para representar la sucesión de nuestras sensaciones, es evidente que el orden de esa sucesión no es indiferente; luego *no podemos invertir* el orden de los términos como en la adición ordinaria; para emplear un lenguaje abreviado, nuestras operaciones son asociativas pero no conmutativas.

Establecido esto, para que Σ y Σ' correspondan a un mismo punto $M = M'$ del primer espacio, es necesario y suficiente que se tenga $\Sigma' = \Sigma + \sigma$. Se tendrá entonces:

$$S + \Sigma' + S' = S + \Sigma + \sigma + S' = S + \Sigma + S' + S + \sigma' + S'$$

Pero acabamos de comprobar que $S + \sigma + S'$ era una de las series σ'.

Se tendrá entonces:

$$S + \Sigma' + S' = S + \Sigma + S' + \sigma'$$

lo que quiere decir que las series $S + \Sigma' + S'$ y $S + \Sigma + S'$ corresponden a un mismo punto $N = N'$ del segundo espacio.

Luego nuestros dos espacios se corresponden punto a punto; pueden ser «transformados» uno en otro; son isomorfos; ¿cómo somos conducidos a concluir que son idénticos?

Consideremos las dos series σ y $S + \sigma + S' = \sigma$. He dicho que a menudo, pero no siempre, la serie σ conserva la impresión táctil A, experimentada por el dedo D y, asimismo, ocurre a menudo, pero no siempre, que la serie σ' conserva la impresión táctil A' experimentada por el dedo D'. Ahora bien, compruebo que *muy a menudo* (es decir mucho más frecuentemente que lo que acabo de llamar «a menudo»), cuando la serie σ ha conservado la impresión A del dedo D, ocurre que la serie σ' conserva al mismo tiempo la impresión A' del dedo D'; e inversamente, si la primera impresión es alterada, la segunda lo es igualmente. Esto ocurre *muy a menudo*, pero no siempre.

Interpretamos este hecho experimental diciendo que el objeto desconocido a que causa la impresión A en el dedo D, es idéntico al objeto desconocido a', que causa la impresión A' en el dedo D'. Y, en efecto, cuando el primer objeto se mueve, lo que nos lo advierte la desaparición de la impresión A, el segundo se mueve igualmente, puesto que la impresión A' desaparece igualmente. Cuando el primer objeto queda inmóvil, el segundo también. Si estos dos objetos son idénticos, como el primero está en el punto M del primer espacio y el segundo en el punto N del segundo espacio, también estos dos puntos son idénticos. He ahí cómo somos inducidos a considerar a estos dos espacios como idénticos, o, mejor, he allí lo que queremos expresar cuando decimos que son idénticos.

Lo que acabamos de decir de la identidad de los dos espacios táctiles, nos dispensa de discutir la cuestión de la identidad del espacio táctil y del espacio visual que se trataría de la misma manera.

§ 5. *El espacio y el empirismo.*

Pareciera que seré llevado a conclusiones conformes con las ideas empíricas. En efecto, he procurado poner en evidencia el papel de la experiencia y analizar los hechos experimentales que intervienen en la génesis del espacio de tres dimensiones. Pero, cualquiera que pudiese ser la importancia de estos hechos, hay una cosa que no debemos olvidar y sobre la cual, por otra parte, he llamado la atención más de una vez. Estos hechos experimentales se verifican a menudo, pero no siempre. Evidentemente esto no quiere decir que el espacio tiene a menudo tres dimensiones, pero no siempre.

Bien sé que es fácil deducirlo y que si los hechos no se verifican, se lo explicará fácilmente diciendo que los objetos exteriores se han movido. Si la experiencia sale bien, se dice que ella nos informa sobre el espacio; si fracasa se arremete contra los objetos exteriores a los que se acusa de haberse movido; en otros términos, si no sale bien se le da una pulgarada.

Estas pulgaradas son legítimas, no dejo de convenir en ello, pero bastan para advertirnos que las propiedades del espacio no son verdades experimentales propiamente dichas. Si hubiéramos querido verificar otras leyes, ¿habríamos podido lograrlo dando otras pulgaradas análogas? ¿No habríamos podido justificar siempre esas pulgaradas, por las mismas razones? A lo sumo se nos habría podido decir: «vuestras pulgaradas son legítimas, sin duda, pero abusáis de ellas, ¿para qué hacer mover, tan a menudo, los objetos exteriores?»

En resumen, la experiencia no nos prueba que el espacio tiene tres dimensiones; nos prueba que es cómodo atribuírle tres, porque así es cómo el número de pulgaradas es reducido al mínimo.

Agregaré que la experiencia jamás nos haría tocar sino el espacio representativo que es un continuo físico, y no el espacio geométrico que es un continuo matemático. A lo sumo podría enseñarnos que es cómodo asignar tres dimensiones al espacio geométrico para que tenga tantas como el espacio representativo.

La cuestión empírica puede plantearse en otra forma. ¿Es imposible concebir los fenómenos físicos, los fenómenos mecánicos, por ejemplo, de otro modo que en el espacio de tres dimensiones? Tendríamos de esa manera una prueba experimental objetiva, por decir así, independiente de nuestra fisiología, de nuestras formas de representación.

Pero no es así; no discutiré completamente la cuestión aquí; me limitaré a recordar el ejemplo sorprendente que nos da la mecánica de Hertz ([28]).

Se sabe que el gran físico no creía en la existencia de las fuerzas propiamente dichas; él suponía que los puntos materiales visibles están sujetos a ciertas ligaduras invisibles que los atan a otros puntos invisibles y que es el efecto de estas ligaduras lo que atribuímos a las fuerzas.

Pero eso no es más que una parte de sus ideas. Supongamos un sistema formado por *n* puntos materiales, visibles o no; esto hará en total *3 n* coordenadas; considerémoslas como las coordenadas de un punto único en un espacio de *3 n* dimensiones. En virtud de las ligaduras de que acabamos de hablar, este punto único estaría sujeto a permanecer sobre una superficie de un número cualquiera de dimensiones $< 3 n$; para ir de un punto a otro, sobre esta superficie, se tomaría siempre el camino más corto; ese sería el principio único que resumiría toda la mecánica.

Cualquier cosa que se piense de esta hipótesis, que

([28]) H. HERTZ (1857-1894), físico alemán especializado en electricidad, cuyas famosas experiencias en el Polytechnikum de Karlsrube confirmaron la teoría electromagnética de Maxwell.

nos seduzca por su simplicidad o nos choque por su carácter artificial, el solo hecho de que Hertz haya podido concebirla y considerarla como más cómoda que nuestras hipótesis habituales, basta para probar que nuestras ideas ordinarias y, en particular, las tres dimensiones del espacio, de ningún modo se imponen al mecánico con una fuerza invencible.

§ 6. *El espíritu y el espacio.*

La experiencia, pues, no ha desempeñado más que un solo papel: ha servido de ocasión. Pero este papel no dejaba, por eso, de ser muy importante, y he creído necesario hacerlo resaltar. Este papel habría sido inútil si hubiera una forma *a priori,* impuesta a nuestra sensibilidad, que sería el espacio de tres dimensiones.

¿Existe esta forma o, si se quiere, podemos representarnos el espacio de más de tres dimensiones? Y, ante todo, ¿qué significa esta pregunta? En el verdadero sentido del vocablo, es evidente que no podemos representarnos el espacio de cuatro ni el espacio de tres dimensiones; no podemos, desde luego, representárnoslos vacíos, y tampoco podemos representarnos un objeto ni en el espacio de cuatro ni en el de tres dimensiones: 1º, porque ambos espacios son infinitos y no podríamos representarnos una figura *en* el espacio, es decir, la parte *en* el todo sin representarnos el todo, y esto es imposible, puesto que ese todo es infinito; 2º, porque ambos espacios son homogéneos, y siendo limitados los cuadros en que encerramos nuestras sensaciones no pueden ser homogéneos.

Así planteada, la pregunta no puede entenderse más que de una manera: ¿es posible imaginar que, habiendo sido diferentes los resultados de la experiencia referida más arriba, hayamos sido inducidos a atribuir al espacio más de tres dimensiones? Por ejemplo, imaginar que la sensación de acomodación no esté constantemente de acuerdo con la sensación de convergencia de los ojos, o bien que las experiencias de que hemos hablado en el parágrafo 2 y de las que expresamos el resultado diciendo: «que el tacto no se ejerce a distancia», nos hayan conducido a una *conclusión inversa.*

Evidentemente, entonces, esto sí es posible; desde el momento que se imagina una experiencia, se imagina por eso mismo los dos resultados contrarios que puede dar. Esto es posible pero difícil, porque tenemos que vencer una multitud de asociaciones de ideas, que son el fruto de una larga experiencia personal y de la experiencia de la raza, más larga todavía. ¿Son esas asociaciones (o por lo menos esas de entre las que hemos heredado de nuestros antepasados) las que constituyen una forma *a priori,* cuya intuición pura hemos dicho que tenemos? Entonces no veo por qué se la declararía rebelde al análisis y se me denegaría el derecho de investigar el origen.

Cuando se dice que nuestras sensaciones son «extensiones», no se puede querer expresar más que una cosa: que ellas se encuentran siempre asociadas a la idea de ciertas sensaciones musculares, correspondientes a los movimientos que permitirían alcanzar el objeto por la causa; que, en otros términos, permitirían defenderse contra ellas. Justamente porque es útil para la defensa del organismo, esa asociación es tan antigua en la historia de la especie y nos parece indestructible. No obstante, no es más que una asociación y se puede concebir que sea destruída; de suerte que no se puede decir que la sensación no puede entrar en la conciencia sin entrar en el espacio, pero que, en efecto, no entra en la conciencia sin entrar en el espacio, lo que quiere decir sin ser enredada en esta asociación.

Tampoco puedo comprender que se diga que la idea de tiempo es lógicamente posterior a la de espacio, porque no podemos representárnosla más que en la forma de una recta; equivale a decir que el tiempo es lógicamente posterior a la cultura de las praderas, porque se lo representa generalmente armado de una guadaña. Que no se puedan representar simultáneamente las diversas partes del tiempo, eso se sobreentiende, puesto que el carácter esencial de esas partes es precisamente no ser simultáneas. Esto no quiere decir que no se tenga la intuición del tiempo. Según eso, no se tendría tampoco la del espacio, pues él tampoco se puede representar, en el sentido propio del vocablo, por las razones que hemos expresado. Lo que nos representamos con el nombre de recta es una imagen grosera que se parece tan poco a la recta geométrica como al tiempo mismo.

¿Por qué se ha dicho que toda tentativa para dar una cuarta dimensión al espacio siempre reduce aquélla a una de las otras tres? Es fácil comprenderlo. Examinemos nuestras sensaciones musculares y las «series que pueden formar». Al final de numerosas experiencias, las ideas de esas series están asociadas entre sí en una trama muy compleja; nuestras series están *clasificadas*. Para comodidad de lenguaje, permítaseme expresar mi pensamiento de una manera *completamente grosera*, y aun inexacta, diciendo que nuestras series de sensaciones musculares están clasificadas en tres clases que corresponden a las tres dimensiones del espacio. Bien entendido que esta clasificación es mucho más complicada, pero eso bastará para hacer comprender mi razonamiento. Si quiero imaginar una cuarta dimensión, supondré otra serie de sensaciones musculares que forman parte de una cuarta clase. Pero como *todas* mis *sensaciones musculares* ya han sido colocadas en una de las tres clases preexistentes, no puedo representarme sino una serie perteneciente a una de las tres clases, de suerte que mi cuarta dimensión es reducida a una de las otras tres.

¿Qué prueba esto? Que primero habría sido necesario destruir la antigua clasificación y reemplazarla por una nueva en la cual la serie de sensaciones musculares hubieran estado repartidas en cuatro clases. La dificultad habría desaparecido.

Algunas veces se la presenta en una forma más sorprendente. Supongamos que yo esté encerrado en mi habitación, entre las seis paredes infranqueables formadas por los cuatro muros, el techo y el piso; me será imposible salir de allí e imaginar que salga. —Perdón, ¿no podéis imaginaros que la puerta se abre o que dos de esas paredes se separan? — Pero, bien entendido, se responderá, es necesario que se suponga que esas paredes permanecen inmóviles. —Sí, mas es evidente que tengo el derecho de moverme, y entonces las paredes que suponemos en reposo absoluto estarán en movimiento relativo con respecto a mí. — Sí, pero un movimiento relativo semejante no puede ser cualquiera; cuando los objetos están en reposo, su movimiento relativo con respecto a ejes cualesquiera es el de un cuerpo sólido invariable. Ahora bien, los movimientos aparentes que os imagináis no están de acuerdo con las leyes del movimiento de un sólido invariable. — Sí, pero la experiencia es quien nos ha enseñado las leyes del movimiento de un sólido invariable; nada *impediría* imaginar que ellas fuesen diferentes. En resumen, para imaginarme que salga de mi prisión, no tengo más que imaginarme que las paredes parecen separarse cuando me muevo.

Creo, pues, que si por espacio se entiende un continuo matemático de tres dimensiones, que fuera amorfo por otra parte, es el espíritu quien lo construye, pero no lo construye sin nada, ya que le hacen falta materiales y modelos. Estos materiales, como estos modelos, preexisten en él. Pero no hay un modelo único que se le imponga, pues tiene para elegir. Por ejemplo, puede elegir entre el espacio de cuatro y el espacio de tres dimensiones. ¿Cuál es entonces el papel de la experiencia? Ella es la que les da las indicaciones según las cuales hace su elección.

Otra cosa. ¿De dónde proviene el carácter cuantitativo del espacio? Del papel que desempeñan en su génesis las series de sensaciones musculares Son series que pueden *repetirse*, y de esa repetición proviene el número; porque pueden repetirse indefinidamente, el espacio es infinito. En fin, hemos visto, al final del parágrafo 3, que también por eso el espacio es relativo. Así, la repetición es la que ha dado al espacio sus caracteres esenciales; ahora bien, la repetición supone el tiempo; es suficiente decir que el tiempo es lógicamente anterior al espacio.

§ 7. *Papel de los canales semicirculares.*

No he hablado, hasta aquí, del papel de ciertos órganos a los cuales los fisiólogos atribuyen con razón una importancia fundamental; quiero referirme a os canales semicirculares. Numerosas experiencias han mostrado suficientemente que esos canales son necesarios para nuestro sentido de orientación, pero os fisiólogos no están enteramente de acuerdo; dos teorías opuestas, la de Mach-Delage ([29]) y la de de Cyon ([30]), han sido propuestas.

([29]) E. MACH (1838-1916), físico y filósofo austriaco, autor de importantes estudios epistemológicos, a quien se debe al principio de la economía del pensamiento como fundamento de la actividad científica.
I. DELAGE, zoólogo francés muerto en 1854. especializado en el sistema nervioso de los animales.

([30]) E. DE CYON (1842-1912), fisiólogo ruso, radicado en Francia, donde escribió, entre otras obras, *«Les canaux semicirculaires et le sens de l'espace»*.

De Cyon es un fisiólogo que ha hecho ilustre su nombre con importantes descubrimientos sobre la inervación del corazón. Empero, yo no podría compartir sus ideas sobre el asunto que nos ocupa. No siendo fisiólogo, vacilo en criticar las experiencias que ha dirigido contra la teoría adversa de Mach-Delage; me parece, sin embargo, que no son probatorias, pues en muchas de ellas se hacía variar la presión en la *totalidad* de uno de los canales, mientras que, fisiológicamente, lo que varía es la *diferencia* entre las presiones sobre las dos extremidades del canal; en otras, los órganos estaban profundamente lesionados, lo que debía alterar las funciones.

Por otra parte, poco importa; si las experiencias eran irreprochables, podrían ser probatorias contra la antigua teoría. Ellas no podrían serlo *para* la nueva teoría. Si efectivamente he comprendido bien la teoría, me bastará exponerla para que se comprenda que es imposible concebir una experiencia que la confirme.

Los tres pares de canales tendrían por única función advertirnos de que el espacio tiene tres dimensiones. Lo ratones japoneses no poseen más que dos pares de canales; ellos creen, al parecer, que el espacio no tiene más que dos dimensiones y manifiestan esa opinión de la manera más extraña: se colocan en círculo metiendo cada uno de ellos su hocico en la cola del precedente, y así colocados se ponen a girar rápidamente. Las lampreas, que no poseen más que un par de canales, creen que el espacio sólo tiene una dimensión, pero sus manifestaciones son menos tumultuosas.

Es evidente que una teoría semejante no es admisible. Los órganos de los sentidos están destinados a advertirnos de los *cambios* que se producen en el mundo exterior. No se comprendería por qué el creador nos habría dado órganos destinados a gritarnos sin cesar: «Recuerda tú que el espacio tiene tres dimensiones, puesto que ese número de dimensiones no está sujeto a cambio».

Debemos, pues, volver a la teoría de Mach-Delage. Lo que pueden hacernos conocer los nervios de los canales es la diferencia de presión sobre las dos extremidades de un mismo canal y por lo tanto:

1º La dirección de la vertical respecto de tres ejes invariablemente ligados a la cabeza;

2⁰ Las tres componentes de la aceleración de traslación del centro de gravedad de la cabeza;

3⁰ Las fuerzas centrífugas desarrolladas por la rotación de la cabeza;

4⁰ La aceleración del movimiento de rotación de la cabeza.

De las experiencias de Delage resulta que esta última indicación es, con mucho, la más importante, sin duda porque los nervios son menos sensibles a la diferencia de presión que a las variaciones bruscas de esta diferencia. Las tres primeras indicaciones pueden así ser despreciadas.

Conociendo la aceleración del movimiento de rotación de la cabeza en cada instante, deducimos, por una integración inconsciente, la orientación final de la cabeza, referida a una cierta orientación inicial tomada como origen. Los canales semicirculares contribuyen, pues, a informarnos sobre los movimientos que hemos ejecutado, y eso del mismo modo que las sensaciones musculares. Luego, cuando hablábamos más arriba de la serie *S* o de la serie Σ, no habríamos debido decir que eran solamente series de sensaciones musculares, sino que eran, a la vez, series de sensaciones musculares y de sensaciones debidas a los canales semicirculares. Fuera de este agregado no tendríamos nada que cambiar en lo que precede.

Evidentemente en esas series *S* y Σ estas sensaciones de los canales semicirculares tienen un lugar en extremo importante. Con ellas solas no bastaría, sin embargo, pues no pueden informarnos más que sobre los movimientos de la cabeza; nada nos enseñan sobre los movimientos relativos del tronco o de los miembros con respecto a la cabeza. Además parece que nos informan solamente sobre las rotaciones de la cabeza y no sobre las traslaciones que puede sufrir.

SEGUNDA PARTE

LAS CIENCIAS FÍSICAS

CAPÍTULO V

El análisis y la física

I. A menudo se os ha preguntado para qué sirven las matemáticas, y si esas delicadas construcciones que sacamos enteramente de nuestro espíritu son artificiales y concebidas por nuestro capricho.

Debo hacer una distinción entre las personas que hacen esta pregunta. Las gentes prácticas reclaman de nosotros solamente el medio para ganar dinero. Esas no merecen que se les responda; más bien convendría preguntarles para qué acumular tantas riquezas y si, para tener tiempo de adquirirlas, es necesario despreciar el arte y la ciencia, únicos que nos dotan de almas capaces de gozarlas,

et propter vitam vivendi perdere causas (35).

Por otra parte, una ciencia construída únicamente en vista de sus aplicaciones es imposible; las verdades sólo son fecundas si están encadenadas entre sí Si uno se consagra solamente a aquéllas de las cuales se espera un resultado inmediato, faltarán los eslabones intermedios y no habrá más cadena.

Los hombres más desdeñosos de la teoría, sin duda encuentran en ella un alimento cotidiano. Si se les privara de ese alimento, el progreso se detendría y pronto nos estancaríamos en la inmovilidad de la China.

Pero es demasiado ocuparnos de los prácticos intransigentes. Al lado de ellos están los que solamente son curiosos de la naturaleza, que nos preguntan si estamos en condiciones de hacérsela conocer mejor.

---

(35) Locución latina de Juvenal (Sátiras VIII, 84), que significa: *Para vivir, renunciar a lo que es la razón del vivir.*

Para responderles no tenemos más que mostrarles los dos monumentos ya esbozados de la mecánica celeste y la física matemática.

Sin duda ellos concederían que estos monumentos bien valen el trabajo que nos han costado. Pero esto no es suficiente.

Las matemáticas tienen un triple fin. Deben suministrar un instrumento para el estudio de la naturaleza.

Pero eso no es todo; tienen un fin filosófico y, me atrevo a decirlo, un fin estético.

Deben ayudar al filósofo a profundizar las nociones de número, de espacio, de tiempo.

Y, sobre todo, sus adeptos encuentran en ellas goces análogos a los que proporcionan la pintura y la música. Ellos admiran la delicada armonía de los números y de las formas, se maravillan cuando un nuevo descubrimiento les abre una perspectiva inesperada. ¿No tiene carácter estético la alegría que así experimentan, aunque los sentidos no tomen parte alguna en ella? Pocos privilegiados son llamados a gustarla plenamente, es cierto, pero, ¿no es eso lo que ocurre con las artes más nobles?

Por esto no titubeo en decir que las matemáticas merecen ser cultivadas por sí mismas, y que las teorías que no pueden ser aplicadas a la física deben serlo tanto como las otras.

Aun cuando el fin físico y el fin estético no sean solidarios, no deberíamos sacrificar ni uno ni otro.

Pero hay más; estos dos fines son inseparables y el mejor medio para alcanzar uno es apuntar al otro o, por lo menos, no perderlo nunca de vista. Es lo que voy a esforzarme en demostrar precisando la naturaleza de las relaciones entre la ciencia pura y sus aplicaciones.

El matemático no debe ser para el físico un simple proveedor de fórmulas; es menester que haya entre ellos una colaboración más íntima.

La física matemática y el análisis puro no son solamente potencias limítrofes que mantienen relaciones de buena vecindad; se penetran mutuamente y su espíritu es el mismo.

Esto es lo que se comprenderá mejor cuando haya mostrado lo que la física recibe de la matemática y lo que la matemática toma, a su vez, de la física.

II. El físico no puede pedir al analista la revelación de una verdad nueva; a lo sumo éste puede ayudarle a presentirla.

Hace mucho tiempo que nadie piensa ya en aventajar a la experiencia, o en construir enteramente el mundo apoyado en algunas hipótesis prematuras. De todas esas construcciones en que todavía uno se complacía ingenuamente hace un siglo, hoy no quedan más que ruinas.

Todas las leyes son, pues, obtenidas de la experiencia, pero para enunciarlas es necesaria una lengua especial; el lenguaje ordinario es demasiado pobre y, por otra parte, demasiado vago para expresar relaciones tan delicadas, tan ricas y tan precisas.

He ahí, pues, una primera razón por la cual el físico no puede pasarse sin las matemáticas: le suministran la única lengua que él puede hablar.

Y no es una cosa indiferente una lengua bien hecha; para no salir de la física, el hombre desconocido que ha inventado la palabra *calor*, ha inducido a muchas generaciones al error. Simplemente porque estaba designado por un substantivo, se ha tratado al calor como una substancia y se lo ha creído indestructible.

En cambio, aquel que ha inventado la palabra *electricidad* ha tenido la dicha inmerecida de dotar implícitamente a la física de una ley nueva, la de la conservación de la electricidad que, por puro azar, se ha encontrado exacta, por lo menos hasta el presente.

Y bien, para proseguir la comparación: los escritores que embellecen una lengua, que la tratan como un objeto de arte, la hacen al mismo tiempo más flexible, más apta para expresar los matices del pensamiento.

Entonces se comprende cómo el analista que persigue un fin puramente estético contribuye, por eso mismo, a crear una lengua más adaptada para satisfacer al físico.

Pero esto no es todo; la ley procede de la experiencia, pero no surge inmediatamente. La experiencia es individual, la ley que se deduce es general; la experiencia sólo es aproximada, la ley es precisa o, por lo menos, pretende serlo. La experiencia se hace en condiciones siempre complejas, el enunciado de la ley elimina esas complicaciones. Esto es lo que se llama corregir los «errores sistemáticos».

En una palabra, para inferir una ley de la experiencia es menester generalizar; es una necesidad que se impone al observador más circunspecto.

Pero, ¿cómo generalizar? Evidentemente toda verdad particular puede ser desarrollada de una infinidad de maneras. Entre esos mil caminos que se abren delante de nosotros es necesario hacer una elección, provisional al menos. ¿Quién nos guiará en esa elección?

No podrá ser más que la analogía. ¡Pero qué vaga es esa palabra! El hombre primitivo no conocía más que analogías groseras, aquéllas que impresionan los sentidos, las de los colores o los sonidos. No es él quien habrá pensado en relacionar, por ejemplo, la luz con el calor radiante.

¿Quién nos ha enseñado a conocer las analogías verdaderas, profundas, aquéllas que el corazón no ve y la razón adivina?

Es el espíritu matemático que desprecia a la materia para no adherirse más que a la forma pura. Él es quien nos ha enseñado a designar con el mismo nombre a seres que sólo difieren por la materia, por ejemplo a designar con el mismo nombre la multiplicación de los cuaterniones y la de los números enteros.

Si los cuaterniones, de los que acabo de hablar, no hubieran sido tan prontamente utilizados por los físicos ingleses, muchas personas, sin duda, sólo verían en ellos una fantasía ociosa y, sin embargo, enseñándonos a relacionar lo que las apariencias separan, ya nos habrían vuelto más aptos para penetrar en los secretos de la naturaleza.

He ahí los servicios que el físico debe esperar del análisis, pero para que esta ciencia pueda prestárselos es menester que sea cultivada de la manera más amplia, sin inmediata preocupación de utilidad; es menester que el matemático haya trabajado como artista.

Lo que le pedimos es que nos ayude a ver, a distinguir nuestro camino en el dédalo que se nos ofrece. Ahora bien, el que ve mejor es aquél que se ha elevado más alto.

Los ejemplos abundan y me limitaré a los más sorprendentes.

El primero nos mostrará cómo basta cambiar de lenguaje para percibir generalizaciones que no se habían sospechado primeramente.

Cuando la ley de Newton hubo substituído a las de Kepler ([32]), todavía no se conocía más que el movimiento elíptico. Ahora bien, en lo que concierne a este movimiento, las dos leyes no difieren sino en la forma; se pasa de una a otra por una simple diferenciación.

Y, sin embargo, de la ley de Newton se puede deducir, por una generalización inmediata, todos los efectos de las perturbaciones y toda la mecánica celeste. Por lo contrario, si se hubiera conservado el enunciado de Kepler, jamás se hubieran conocido las órbitas perturbadas de los planetas, esas curvas complicadas cuya ecuación nadie ha escrito nunca, como generalizaciones naturales de la elipse. Los progresos de las observaciones no hubieran servido más que para hacer creer en el caos.

El segundo ejemplo merece igualmente ser meditado.

Cuando Maxwell ([33]) hubo comenzado sus trabajos, las leyes de la electrodinámica admitidas hasta entonces daban cuenta de todos los hechos conocidos. No había ninguna experiencia nueva que hubiera venido a invalidarlas.

Pero examinándolas según un ángulo nuevo, Maxwell reconoció que las ecuaciones se vuelven más simétricas cuando se les agrega un término. Por otra parte, este término era demasiado pequeño para introducir efectos apreciables con los métodos antiguos.

Se sabe que los conocimientos *a priori* de Maxwell han esperado veinte años una confirmación experimental. Si preferís, Maxwell ha precedido en veinte años a la experiencia.

¿Cómo se ha obtenido este triunfo?

Porque Maxwell estaba profundamente impregnado del sentimiento de la simetría matemática. ¿Habría sido lo mismo si otros no hubieran investigado antes esa simetría por su propia belleza?

([32]) J. KEPLER (1571-1630) es el célebre astrónomo que, basado en las observaciones de Tycho-Brahe y las propias, formuló las tres leyes del movimiento planetario, a saber: 1ª: *Las órbitas planetarias son elipses, uno de cuyos focos ocupa el Sol.* 2ª *La velocidad areal de los planetas es constante.* 3ª *Los cuadrados de los tiempos de las revoluciones planetarias son proporcionales a los cubos de los semiejes mayores de sus órbitas.*

([33]) J. C. MAXWELL (1831-1879), autor de la teoría electromagnética, genial concepción que fusionó la óptica con la electricidad: introdujo además el concepto de campo magnético como una propiedad real del espacio.

Porque Maxwell estaba habituado a «pensar vectorialmente» ([34]) ; sin embargo, si los vectores son introducidos en el análisis, es gracias a la teoría de los imaginarios. Aquellos que han inventado los imaginarios apenas sospechaban el partido que se sacaría de ellos para el estudio del mundo real; lo prueba suficientemente el nombre que les han dado.

En una palabra, quizás Maxwell no era un hábil analista, pero esa habilidad no habría sido para él más que un bagaje inútil y embarazoso. Por lo contrario, tenía en el más alto grado el sentido íntimo de las analogías matemáticas. Por eso ha hecho labor meritoria en los dominios de la física matemática.

El ejemplo de Maxwell nos enseña además otra cosa.

¿Cómo es necesario tratar las ecuaciones de la física matemática? ¿Debemos simplemente deducir de el.as todas las ecuaciones y considerarlas como realidades intangibles? Lejos de ello; lo que deben enseñarnos, sobre todo, es lo que se puede y se debe cambiar en ellas. Así es como obtendremos de las mismas algo útil.

El tercer ejemplo nos mostrará cómo podemos descubrir analogías matemáticas entre fenómenos que no tienen físicamente ninguna relación ni aparente ni real, de tal suerte que las leyes de uno de esos fenómenos nos ayuden a adivinar las del otro.

Una misma ecuación, la de Laplace, se encuentra en la teoría de la atracción newtoniana, en la del movimiento de los líquidos, en la del potencial eléctrico, en la del magnetismo, en la de la propagación del calor y aun en muchas otras.

¿Qué resulta de ello? Estas teorías parecen imágenes calcadas unas sobre otras; se aclaran mutuamente, prestándose su lenguaje. Preguntad a los electricistas si no se felicitan de haber inventado el nombre de flujo de fuerza, sugerido por la hidrodinámica y por la teoría del calor.

De este modo las analogías matemáticas no solamente pueden hacernos presentir las analogías físicas, sino que no dejan de ser útiles aun cuando faltaran estas últimas.

En resumen, el fin de la física matemática no es

([34])   El vector, como símbolo matemático, fué introducido por W. R. Hamilton (1805-1865) y H. G. Grasmann (1809-1877).

solamente facilitar al físico el cálculo numérico de ciertas constantes o la integración de ciertas ecuaciones diferenciales.

Es todavía, es sobre todo, hacerles conocer la armonía oculta de las cosas haciéndolas ver desde un nuevo ángulo.

De todas las partes del análisis, las más elevadas, las más puras, por decirlo así, serán las más fecundas en manos de los que saben servirse de ellas.

III. Veamos ahora lo que el análisis debe a la física.

Sería menester haber olvidado completamente la historia de la ciencia para no recordar que el deseo de conocer la naturaleza ha tenido la influencia más constante y más afortunada sobre el desarrollo de las matemáticas.

En primer lugar, el físico nos plantea problemas cuya solución espera de nosotros. Pero proponiéndolos nos ha pagado ampliamente por anticipado el servicio que podemos hacerle si llegamos a resolverlos.

Si se me permite proseguir mi comparación con las bellas artes, el matemático puro que olvidara la existencia del mundo exterior, sería semejante a un pintor que supiera combinar armoniosamente los colores y las formas, pero a quien faltaran los modelos. Su potencia creadora pronto se agotaría.

Las combinaciones que pueden formar los números y los símbolos son una multitud infinita. ¿Cómo elegiremos en esta multitud aquéllas que son dignas de mantener nuestra atención? ¿Nos dejaremos guiar únicamente por nuestro capricho? Este capricho que, por otra parte, no tardaría en cansarse, nos arrastraría sin duda muy lejos a unos de los otros y prontamente dejaríamos de entendernos entre nosotros.

Pero éste sólo es el aspecto menos importante de la cuestión.

Sin duda la física nos impedirá extraviarnos, pero nos preservará también de un peligro mucho más temible: nos impedirá dar vueltas incesantemente en el mismo círculo.

La historia lo prueba; la física no solamente nos ha obligado a elegir entre los problemas que se presentaban en tropel; nos ha informado de problemas en los cuales, sin ella, nunca habríamos pensado.

Por variada que sea la imaginación del hombre, la
naturaleza es mil veces más rica todavía. Para seguir-
la debemos tomar caminos que habíamos descuidado y
a menudo esos caminos nos conducen a cumbres desde donde descubrimos nuevos paisajes. ¡Cuánto más útil
resulta!

Hay tantos símbolos matemáticos como realidades
físicas; comparando los aspectos diferentes de las cosas podremos comprender la armonía íntima, la única
que es bella y, por consiguiente, digna de nuestros esfuerzos.

El primer ejemplo que citaré es tan antiguo que se
sentiría la tentación de olvidarlo; a pesar de eso no deja
de ser el más importante de todos.

El único objeto natural del pensamiento matemático
es el número entero. El mundo exterior es quien nos ha
impuesto el continuo, que hemos inventado, sin duda,
pero que él nos ha forzado a inventar.

Sin él no habría análisis infinitesimal; toda la ciencia
matemática se reduciría a la aritmética o a la teoría
de las substituciones.

Por lo contrario, hemos consagrado casi todo nuestro tiempo y casi todas nuestras fuerzas al estudio del
continuo. ¿Quién lo lamentará? ¿Quién creerá que ese
tiempo y esas fuerzas han sido perdidas?

El análisis nos ha desarrollado infinitas perspectivas
que la aritmética no sospecha; de una ojeada nos muestra un conjunto grandioso cuyo orden es simple y simé-
trico; por lo contrario, en la teoría de las substituciones, donde reina lo imprevisto, la vista es, por decir
así, detenida a cada paso.

Sin duda se os dirá que fuera del número entero
no hay rigor ni, por consiguiente, verdad matemática;
que él se esconde por todas partes y que es menester
esforzarse para volver transparentes los velos que lo
disimulan, aunque uno debiera, por esto, resignarse a
interminables repeticiones.

No seamos tan puristas y estemos reconocidos al continuo, que, si bien *todo* surge del número entero, era el
único capaz de hacer surgir *tanto*.

Por otra parte, ¿tengo necesidad de recordar que
Hermite ha obtenido una ventaja sorprendente con la
introducción de las variables continuas en la teoría de
los números? Y el mismo dominio propio del número

entero es invadido, y esta invasión ha introducido el orden donde reinaba el desorden.

He ahí lo que debemos al continuo y, por consiguiente, a la naturaleza física.

La serie de Fourier (35) es un precioso instrumento del cual el análisis hace un uso continuo; por ese medio es cómo ha podido representar funciones discontinuas. Si Fourier lo ha inventado, fué para resolver un problema de física, relativo a la propagación del calor. Si este problema no se hubiera planteado naturalmente, nunca se habría osado resistir al continuo sus derechos; durante mucho tiempo, todavía, se habría considerado a las funciones continuas como las únicas funciones verdaderas.

Por eso la noción de función se ha extendido considerablemente y ha recibido, por obra de algunos analistas lógicos, un desarrollo imprevisto. De este modo, esos analistas se han aventurado por donde reina la abstracción más pura y se han alejado del mundo real tanto como les era posible. No obstante, es un problema de física el que les ha proporcionado la oportunidad para ello.

Detrás de la serie de Fourier, otras series análogas han entrado en los dominios del análisis y lo han hecho por la misma puerta; han sido imaginadas en vista de sus aplicaciones.

La teoría de las ecuaciones con derivadas parciales de segundo orden ha tenido una historia análoga; se ha desarrollado, sobre todo, por y para la física. Pero puede tomar muchas formas, pues una ecuación semejante no basta para determinar la función incógnita; es menester agregar condiciones complementarias que se llaman condiciones de los límites; de ahí muchos problemas diferentes.

Si los analistas se hubieran dejado llevar por sus tendencias naturales, nunca hubieran conocido más que uno, ése que trata la señora Kowalevski en su célebre memoria.

Pero hay muchísimos otros que hubieran ignorado.

Cada una de las teorías físicas, la de la electricidad, la del calor, nos presenta esas ecuaciones desde un nuevo

---

(35) J. B. J. FOURIER (1768-1830), es el autor de estas series trigonométricas que permiten desarrollar una función f (x) como expresión de senos y cosenos de la variable.

aspecto. Se puede decir, pues, que sin ellas no conoceríamos las ecuaciones en derivadas parciales.

Es inútil multiplicar los ejemplos. De esto he dicho bastante para poder concluir: cuando los físicos nos piden la solución de un problema, no es un trabajo forzado el que nos imponen; al contrario, somos nosotros quienes les debemos agradecimiento.

IV. Pero esto no es todo. La física no solamente nos da la ocasión de resolver problemas; ella nos ayuda a encontrar los medios, y eso de dos maneras.

Nos hace presentir la solución; nos sugiere razonamientos.

Antes he hablado de la ecuación de Laplace que se encuentra en una multitud de teorías físicas bien alejadas entre sí. Se la vuelve a hallar en la geometría, en la teoría de la representación conforme ([36]), y en análisis puro, en la de los imaginarios.

De este modo, en el estudio de las funciones de variables complejas, el analista, al lado de la imagen geométrica que es su instrumento habitual, encuentra muchas imágenes físicas que puede utilizar con el mismo éxito.

Gracias a estas imágenes, puede ver de una ojeada lo que la deducción pura no le mostraría sino sucesivamente. Reúne así los elementos dispersos de la solución y, por una especie de intuición, adivina antes de poder demostrar.

¡Adivinar antes de demostrar! ¿Tengo necesidad de recordar que así es cómo se hacen todos los descubrimientos importantes?

¡Cuántas verdades que las analogías físicas nos permiten presentir y que no estamos en condiciones de establecer por un razonamiento riguroso!

Por ejemplo, la física matemática introduce un gran número de desarrollos en serie. Estos desarrollos convergen, nadie lo duda, pero hace falta la certeza matemática.

Son otras tantas conquistas aseguradas para los investigadores que vendrán después de nosotros.

La física, por otra parte, no solamente nos sumi-

([36]) Se llama teoría de la representación conforme a la parte de la geometría que se ocupa de las propiedades que permanecen invariables en las transformaciones que no alteran los ángulos.

nistra soluciones; en cierta medida, también nos proporciona razonamientos.

Me bastará recordar cómo Klein, en una cuestión relativa a las superficies de Riemann, ha hallado recursos en las propiedades de las corrientes eléctricas.

Es evidente que los razonamientos de este género no son rigurosos, en el sentido que el análisis asigna a esta palabra.

A propósito de esto, se plantea una cuestión. ¿cómo una demostración que no es suficientemente rigurosa para el analista, puede bastar al físico? Parece que no puede haber dos rigores, que el rigor existe o no, y que allí donde no existe, no puede haber razonamiento. Se comprenderá mejor esta aparente paradoja, recordando en qué condiciones se aplica el número a los fenómenos naturales.

¿De dónde provienen generalmente las dificultades que uno encuentra cuando busca el rigor? Casi siempre se tropieza con ellas al querer establecer que tal cantidad tiende hacia tal límite, o que tal función es continua, o que tiene una derivada.

Ahora bien, los números que el físico mide experimentalmente, jamás los conoce sino aproximadamente; y, por otra parte, una función cualquiera siempre difiere tan poco como se quiera de una función discontinua y, al mismo tiempo, ésta difiere tan poco como se quiera de una función continua.

El físico puede suponer, entonces, a su gusto, que la función estudiada es continua o que es discontinua, que tiene una derivada o que no la tiene, y eso sin temor de que jamás se le contradiga, ni por la experiencia actual ni por alguna experiencia futura. Se concibe que con esta libertad, él se burle de las dificultades que detienen al analista.

Él puede razonar siempre como si todas las funciones que se introducen en sus cálculos fuesen polinomios enteros.

De este modo, la estimación aproximada que basta a la física no es el razonamiento que exige el análisis. No se deduce de esto que una no pueda ayudar a encontrar el otro.

Ya se han transformado en demostraciones rigurosas tantas aproximaciones físicas que esta transformación es fácil hoy día.

Los ejemplos abundarían si, citándolos, no temiera fatigar la atención del lector.

Con esto espero haber dicho bastante para mostrar que el análisis puro y la física matemática pueden ayudarse sin hacerse ningún sacrificio, y que cada una de estas dos ciencias debe regocijarse de todo lo que eleve a su asociada.

CAPÍTULO VI

La astronomía

Los gobiernos y los parlamentos encuentran que la astronomía es una de las ciencias más caras; el más pequeño instrumento cuesta centenares de miles de francos, el más pequeño observatorio cuesta millones, cada eclipse arrastra consigo créditos suplementarios. Y todo eso para astros que están tan lejos, que son completamente extraños a nuestras luchas electorales y que, verosímilmente, jamás tomarán parte alguna en ellas. Es menester que nuestros hombres políticos hayan conservado un resto de idealismo, un vago instinto de grandeza. Verdaderamente, creo que han sido calumniados; conviene estimularlos y mostrarles bien que ese instinto no los engaña y que no son víctimas de ese idealismo.

Bien podría hablarles de la marina, cuya importancia nadie puede desconocer, y que tiene necesidad de la astronomía. Pero sería encarar la cuestión por su aspecto menos importante.

La astronomía es útil porque nos eleva por encima de nosotros mismos; es útil porque es grande, porque es bella; he ahí lo que es necesario decir. Ella es quien nos muestra cuán pequeño es el hombre por su cuerpo y cuán grande es por el espíritu, puesto que a esa inmensidad resplandeciente donde su cuerpo no es más que un punto oscuro, su inteligencia puede abrazarla enteramente y gustar de su silenciosa armonía. Así llegamos a la conciencia de nuestra fuerza y esto es lo que no podríamos adquirir demasiado caro, porque esta conciencia nos vuelve más fuertes.

Pero lo que quería mostraros ante todo es hasta qué punto ha facilitado la astronomía la obra de las otras ciencias más directamente útiles, porque nos ha modelado un alma capaz de comprender a la naturaleza.

¿Os figuráis cuán disminuída estaría la humanidad si, bajo un cielo constantemente cubierto de nubes como debe ser el de Júpiter, hubiera ignorado eternamente a los astros? ¿Creéis que, en un mundo semejante, seríamos lo que somos? Bien entiendo que bajo esa sombría bóveda, habríamos estado privados de la luz del Sol, necesaria a organismos como los que habitan la Tierra. Pero, si lo consentís, admitiremos que esas nubes son fosforescentes y que difunden un resplandor suave y constante. Puesto que estamos dispuestos a hacer hipótesis, una más no nos costará mucho. ¡Y bien!, repito mi pregunta: ¿creéis que, en un mundo semejante, seríamos lo que somos?

Porque los astros no solamente nos envían esa luz visible y grosera que impresiona nuestros ojos corporales; de ellos también nos viene una tenue luz enteramente distinta, que ilumina nuestros espíritus y cuyos efectos trataré de mostraros. Sabéis lo que era el hombre sobre la Tierra hace algunos millares de años y lo que es hoy. Aislado en el medio de una naturaleza donde todo era misterio para él, azorado ante cada manifestación inesperada de fuerzas incomprensibles, era incapaz de ver en la conducta del universo otra cosa que el capricho. Atribuía todos los fenómenos a la acción de una multitud de geniecillos veleidosos y exigentes y, para actuar en el mundo, procuraba conciliarlos por medios análogos a los que se emplean para ganar la benevolencia de un ministro o de un diputado. Sus mismos fracasos no lo esclarecían, como tampoco hoy día un postulante desairado se desanima hasta el punto de dejar de solicitar.

Hoy no solicitamos más a la naturaleza; le ordenamos, porque hemos descubierto algunos de sus secretos y cada día descubrimos otros nuevos. La gobernamos en nombre de leyes que ella no puede recusar porque son las suyas; no le pedimos locamente que cambie esas leyes; somos los primeros en someternos a ellas. *Naturæ non imperatur pisi parendo* [37].

¡Qué cambio han debido experimentar nuestras almas para pasar de un estado a otro! ¿Se cree que, sin

[37] Axioma que Francisco Bacon aplica a la naturaleza y que indica que a la naturaleza no se la domina sino obedeciéndola.

las lecciones de los astros, bajo el cielo perpetuamente nublado de que hablaba hace un instante, habrían cambiado tan rápidamente? ¿Habría sido posible la metamorfosis o, por lo menos, no habría sido mucho más lenta?

En primer lugar, la astronomía es quien nos ha enseñado que existen leyes. Los caldeos, los primeros que han mirado al cielo con alguna atención, pudieron convencerse de que esa multitud de puntos luminosos no es una muchedumbre confusa y errante, sino más bien un ejército disciplinado. No conocían, sin duda, las reglas de esta disciplina, pero el espectáculo armonioso de la noche estrellada bastaba para darles la impresión de la regularidad, y esto era ya mucho.

Por otra parte, esas reglas han sido discernidas una después de otra, por Hiparco ([38]), Ptolomeo ([39]), Copérnico ([40]), Kepler; en fin, es inútil recordar que fué Newton quien enunció la más antigua, la más precisa, la más general de todas las leyes naturales.

Entonces, advertidos por ese ejemplo, hemos observado mejor nuestro pequeño mundo terrestre y también en él, bajo el desorden aparente hemos vuelto a encontrar la armonía que el estudio del cielo nos había hecho conocer. También nuestro mundo es regular, también obedece a leyes inmutables, pero son leyes más complicadas, en conflicto aparente unas con otras, y un observador que no estuviera acostumbrado a otros espectáculos no vería en todo ello más que el caos y el imperio del azar o del capricho. Si no hubiéramos conocido los astros, algunos espíritus atrevidos habrían quizá tratado de prever los fenómenos físicos, pero sus fracasos habrían sido frecuentes y habrían excitado la risa del vulgo. ¿Acaso no vemos, aun en nuestros días, que los meteorólogos se equivocan a veces y que ciertas personas se ríen por eso?

([38]) HIPARCO de Nicea, es el mayor astrónomo de la antigüedad, a quien se atribuye, entre otras observaciones, el descubrimiento de la precesión de los equinoccios.

([39]) CLAUDIO PTOLOMEO continuador de la obra de Hiparco, autor de la «Syntaxis mathematica» (el Almagesto de los árabes). Su hipótesis geocéntrica sobre el sistema planetario, prevaleció hasta el siglo XVII.

([40]) N. COPÉRNICO (1473-1543), es el creador del sistema heliocéntrico, que expuso en su «De Revolutionibus Orbium coelestium» aparecida el año de su muerte. Precursor de Copérnico fué Aristarco de Samos, en el siglo III a. J.C.

¡Cuántas veces, desairados por tantos fracasos, los físicos no se habrían dejado dominar por el desaliento, si para sostener su confianza no hubieran tenido el ejemplo deslumbrante del éxito de los astrónomos! Este éxito les mostraba que la naturaleza obedece a leyes; no les quedaba más que saber a cuáles. Para esto, sólo necesitaban paciencia y tenían el derecho de pedir que los escépticos les dieran crédito.

Pero no es esto todo; la astronomía no solamente nos ha enseñado que existen leyes, sino que estas leyes son inexorables, que no se puede transigir con ellas. ¿Cuánto tiempo nos habría sido necesario para comprenderlo, si no hubiéramos conocido más que el mundo terrestre, donde cada fuerza elemental nos parece siempre en lucha con las otras fuerzas? La astronomía nos ha enseñado que las leyes son infinitamente precisas y que si las que enunciamos son aproximadas, es porque las conocemos mal. Aristóteles, el espíritu más científico de la antigüedad, todavía atribuía una parte al accidente, al azar, y al parecer pensaba que las leyes de la naturaleza, al menos las de aquí abajo, determinaban solamente grandes líneas de los fenómenos. ¡Cuánto ha contribuido la precisión siempre creciente de las predicciones astronómicas a hacer justicia o a desvanecer tal error que habría hecho ininteligible a la naturaleza!

Pero estas leyes no son locales, variables de un punto a otro, como las que hacen los hombres. ¿Lo que es verdad en un rincón del universo, por ejemplo, sobre nuestro globo, o en nuestro pequeño sistema solar, no se convertirá en el error un poco más lejos? Y entonces, ¿no se podrá preguntar si las leyes que dependen del espacio no dependen también del tiempo, si ellas no son simples hábitos, transitorias y efímeras por consiguiente?

Todavía es la astronomía quien responderá a esta pregunta. Observemos las estrellas dobles; todas describen cónicas; por lejos que llegue el telescopio, no alcanza el límite del dominio sometido a la ley de Newton.

No solamente la simplicidad de esta ley es una lección para nosotros: ¡cuántos fenómenos complicados contenidos en las dos líneas de su enunciado! Las personas que no comprenden la mecánica celeste pueden, por lo menos, darse cuenta de esto, observando el grosor de los tratados consagrados a esta ciencia. Entonces, es lícito esperar que la complicación de los fenómenos físicos nos disimule igualmente no sé qué causa simple todavía desconocida.

Es, pues, la astronomía, quien nos ha mostrado los caracteres generales de las leyes naturales, pero, entre esos caracteres hay uno, el más sutil y el más importante de todos, acerca del cual me permitiré insistir un poco.

¿Cómo era comprendido el orden del universo por los antiguos, Pitágoras, Platón o Aristóteles, por ejemplo? Este orden era para ellos un tipo inmutable, fijado una vez para siempre, o un ideal al que el mundo procuraba aproximarse. Aun de este modo pensaba el mismo Kepler [41], por ejemplo, cuando investigaba si las distancias de los planetas al Sol tenían alguna relación con los cinco poliedros regulares. Esta idea no tenía nada de absurdo, pero debía ser estéril, puesto que la naturaleza no está hecha así. Newton demostró que una ley no es más que una relación necesaria entre el estado presente del mundo y un estado inmediatamente posterior. Todas las demás leyes, descubiertas después, no son otra cosa, en suma, que ecuaciones diferenciales; mas es la astronomía la ciencia que nos ha suministrado el primer modelo sin el cual, seguramente, hubiéramos errado durante mucho tiempo.

También es la astronomía la ciencia que mejor nos ha enseñado a desconfiar de las apariencias. El día en que Copérnico probó que lo que se creía más estable estaba en movimiento, que lo que se creía móvil estaba fijo, nos mostró cuán engañosos podían ser los razonamientos infantiles que surgen directamente de los datos inmediatos de nuestros sentidos. Por cierto, sus ideas han triunfado no sin dificultad, pero, después de este triunfo, ya no hay prejuicio tan arraigado que no nos atrevamos a rechazar. ¿Cómo estimar el valor de la nueva arma así conquistada?

Los antiguos creían que todo estaba creado en beneficio del hombre y hoy debemos creer que esta ilusión es muy tenaz, puesto que aun es preciso combatirla sin cesar. Sin embargo, hay que despojarse de ella a menos

---

[41] Kepler expuso esta célebre hipótesis en el *Prodromus* (Turingia 1596).

de condenarse a ser eterno miope, incapaz de ver la verdad. Para comprender la naturaleza es necesario salir de sí mismo, por decirlo así, y contemplarla desde varios puntos de vista diferentes'; si no se obra así no se conocerá más que un aspecto de la naturaleza. Ahora bien, salir de sí mismo es lo que no puede hacer aquel que lo refiere todo a sí mismo. Entonces, ¿quiénes son los que nos han librado de esta ilusión? Fueron los que nos han demostrado que la Tierra sólo es uno de los más pequeños planetas del sistema solar, y que el sistema solar no es más que un punto imperceptible en los espacios infinitos del universo estelar.

Al mismo tiempo, la astronomía nos enseñaba a no atemorizarnos de los grandes números, y eso era necesario, no solamente para conocer al cielo, sino para conocer la Tierra, lo que no era tan fácil como nos parece hoy.

Intentemos volver hacia atrás e imaginemos lo que habría pensado un griego al que se le hubiera llegado a decir que la luz roja vibra cuatrocientos billones de veces por segundo. Sin duda alguna, una aserción semejante le hubiera parecido una locura pura y nunca se hubiera rebajado a verificarla. Hoy día, una hipótesis ya no nos parecerá absurda porque nos obligue a imaginar objetos mucho más grandes o mucho más pequeños que aquéllos que nuestros sentidos son capaces de mostrarnos, y ya no comprendemos esos escrúpulos que detenían a nuestros antepasados, impidiéndoles descubrir ciertas verdades, simplemente porque tenían miedo de ello. Pero, ¿por qué? Porque hemos visto agrandarse el cielo y agrandarse incesantemente; porque sabemos que el Sol está a 150 millones de kilómetros de la Tierra (⁴²) y que las distancias de las estrellas más próximas son centenares de miles de veces más grandes todavía. Habituados a contemplar lo infinitamente grande, nos hemos vuelto aptos para comprender lo infinitamente pequeño. Gracias a la educación que ha recibido, nuestra imaginación, como el ojo del águila que el Sol no deslumbra, puede mirar cara a cara a la verdad.

¿No tendré razón en decir que la astronomía es quien

(⁴²) Según H. Spencer Jones, astrónomo real de Gran Bretaña, los últimos cálculos asignan a esta distancia 149.730.000, con un error de 14.500 Km.

nos ha hecho un alma capaz de comprender a la naturaleza; que bajo un cielo siempre nebuloso y privado de astros, la Tierra misma hubiera sido eternamente ininteligible para nosotros; que no habríamos visto allí más que el capricho y el desorden y que, no conociendo el mundo, no habríamos podido dominarlo? ¿Qué ciencia hubiera podido ser más útil? Hablando de este modo me coloco en el punto de vista de aquellos que no estiman más que las aplicaciones prácticas. Por cierto, este punto de vista no es el mío; yo, al contrario, si admiro las conquistas de la industria es, sobre todo, porque nos libran de las preocupaciones materiales y porque un día darán, a todos, tiempo libre para contemplar a la naturaleza. Yo no digo: la ciencia es útil porque nos enseña la manera de construir máquinas; digo que las máquinas son útiles porque, trabajando en nuestro lugar, nos dejarán cada vez más tiempo para dedicarnos a la ciencia. Pero, en fin, no es indiferente observar que entre los dos puntos de vista no hay desacuerdo, y que habiendo perseguido el hombre un fin desinteresado, todo el resto le ha venido por añadidura.

Augusto Comte ([43]) ha dicho, no sé dónde, que sería vano tratar de conocer la composición del Sol, porque este conocimiento no podría ser de ninguna utilidad para la sociología. ¿Cómo pudo tener la vista tan corta? ¿No acabamos de ver, para hablar su lenguaje, que es por la astronomía cómo la humanidad ha pasado del estado teológico al estado positivo? Él se ha dado cuenta de eso, porque estaba ya hecho el cambio.

Pero, ¿cómo no ha comprendido Comte que no era menos considerable ni debía ser menos provechoso lo que quedaba por hacer? La astronomía física, que él parece condenar, ya ha empezado a dar sus frutos y dará muchos más, pues sólo data de ayer.

En primer lugar, se ha reconocido la naturaleza del Sol, cuyo estudio quería prohibirnos el fundador del positivismo, y se han encontrado en él cuerpos que existen en la Tierra, y que habían pasado inadvertidos, por ejemplo el helio, ese gas casi tan ligero como el hidrógeno. Esto era ya un primer mentís a Comte. Pero debemos a la espectroscopia una enseñanza de otra clase

([43]) A. COMTE (1798-1857), creador del positivismo y autor de la ley de los tres estados en la evolución mental de la humanidad: teológico, metafísico y positivo.

muy superior aun; en las estrellas más lejanas nos muestra el espectro las mismas substancias. Pudiera haberse preguntado si los elementos terrestres eran debidos al azar que hubiera acomodado los átomos más tenues para construir con ellos el edificio más complejo que los químicos llaman átomo; pudiera haberse preguntado si, en otras regiones del universo, otros encuentros fortuitos habían podido engendrar edificios enteramente diferentes. Hoy sabemos que las cosas no son así, que las leyes de nuestra química son leyes generales de la naturaleza y que no deben nada al azar que nos ha hecho nacer sobre la Tierra.

Pero, se dirá, la astronomía ha dado a las otras ciencias todo lo que podía darles, y ahora que el cielo nos ha procurado los instrumentos que permiten estudiar la naturaleza terrestre, podría ocultarse para siempre sin peligro. Después de lo que acabamos de decir, ¿es necesario responder a esta objeción? Se habría podido razonar del mismo modo en tiempos de Ptolomeo; también entonces se creía saber todo y se tenía aún casi todo por aprender.

Los astros son laboratorios grandiosos, crisoles gigantescos como ningún químico podría soñar. En ellos reinan temperaturas que nos es casi imposible obtener. Su único defecto es el de estar todos un poco lejos, pero el telescopio nos los va a aproximar y entonces veremos cómo la materia se comporta en ellos. ¡Qué buena fortuna para el físico y el químico!

La materia se nos mostrará allí bajo mil estados diversos, desde esos gases rarificados que parecen formar las nebulosas y que se iluminan con inexplicable fulgor de origen misterioso, hasta las estrellas incandescentes y los planetas vecinos y, sin embargo, tan diferentes de nosotros.

Acaso también los astros nos enseñen un día algo sobre la vida; esto parece un sueño insensato y no comprendo en absoluto cómo podría realizarse; mas, hace cien años, ¿la química de los astros no habría parecido también un sueño insensato?

Pero limitemos nuestras miradas a horizontes menos lejanos; aun nos quedarán promesas menos aleatorias y bien seductoras. Si el pasado nos ha dado mucho, podemos estar seguros de que el porvenir nos dará mucho más todavía.

En resumen, no se aprecia en general cuán útil ha sido a la humanidad la creencia en la astrología. Si Kepler y Tycho-Brahe pudieron vivir, es porque vendían a reyes ingenuos predicciones fundadas en las conjunciones de los astros. Si estos príncipes no hubieran sido tan crédulos, quizá continuaríamos pensando que la naturaleza obedece al capricho y nos estancaríamos todavía en la ignorancia.

CAPÍTULO VII

La historia de la física matemática

El pasado y el porvenir de la física. — ¿Cuál es el estado actual de la física matemática? ¿Cuáles son los problemas que se le plantean? ¿Dentro de diez años, aparecerán el fin y los métodos de esta ciencia, a nuestros sucesores inmediatos bajo el mismo aspecto que a nosotros o, al contrario, se asistirá a una transformación profunda? Tales son las cuestiones que obligadamente promovemos al abordar hoy nuestra investigación.

Si es fácil plantearlas, es difícil responder a ellas. Si sintiéramos la tentación de arriesgar un pronóstico resistiríamos fácilmente a esta tentación, pensando en todas las tonterías que habrían dicho los sabios más eminentes de hace cien años, si se les hubiera preguntado qué sería la ciencia del siglo XIX. Habrían creído ser osados y cuán tímidos los encontraríamos después del desenlace. No esperéis de mí, pues, ninguna profecía.

Pero si, como a todos los médicos prudentes, me repugna dar un pronóstico, no puedo, sin embargo, dispensarme de un pequeño diagnóstico. Pues bien, sí, hay indicios de una crisis seria, como si debiéramos esperar una transformación próxima. No obstante, no nos inquietemos demasiado. Estamos seguros de que la enferma no morirá y, aun podemos esperar que esta crisis será saludable, pues la historia del pasado parece garantírnoslo. En efecto, esta crisis no es la primera y, para comprenderla, es importante recordar a las que le han precedido. Perdonadme, pues, una corta exposición.

La física de las fuerzas centrales. — La física matemática, según sabemos, ha nacido de la mecánica celeste que la ha engendrado a fines del siglo XVIII, en el momento en que ella misma acaba de alcanzar su completo desarrollo. En sus primeros años, especialmente, la hija se asemejaba de una manera sorprendente a su madre.

El universo astronómico está formado por masas, muy grandes, sin duda, pero separadas por distancias tan inmensas que sólo se nos aparecen como puntos materiales; estos puntos se atraen en razón inversa del cuadrado de la distancia y esta atracción es la única fuerza que influye sobre sus movimientos. Pero si nuestros sentidos fueran bastante sutiles como para mostrarnos todos los detalles de las cuerpos que estudia el físico, el espectáculo que descubriríamos en ellos diferiría apenas del que contempla el astrónomo. Allí también veríamos puntos materiales, separados unos de otros, por intervalos enormes respecto de sus dimensiones y que describen órbitas según leyes regulares.

Estos astros infinitamente pequeños son los átomos. Como los astros propiamente dichos, se atraen o se rechazan, y esta atracción y esta repulsión, dirigida según la recta que los une, no depende más que de la distancia. La ley según la cual esta fuerza varía en función de la distancia no es, quizás, la ley de Newton, pero es una ley análoga; en lugar del exponente — 2, tendremos probablemente otro diferente, y de ese cambio de exponente proviene toda la diversidad de los fenómenos físicos, la variedad de las cualidades y de las sensaciones, todo el mundo coloreado y sonoro que nos rodea, toda la naturaleza, en una palabra.

Tal es la concepción primitiva en toda su pureza. No queda sino buscar, en los diferentes casos, qué valor conviene fijar a ese exponente, a fin de dar cuenta de todos los hechos. Sobre este modelo, Laplace, por ejemplo, ha construído su bella teoría de la capilaridad; él no la considera más que como un caso particular de la atracción o, según dice, de la gravitación universal, y nadie se asombra de encontrarla en uno de los cinco volúmenes de la *Mecánica Celeste*.

Más recientemente, Briot creyó haber penetrado en el último secreto de la óptica, cuando hubo demostrado que las partículas del éter se atraen en razón inversa de la 6ª potencia de la distancia, y Maxwell, Maxwell mismo, ¿no dice en alguna parte que los átomos de los

gases se repelen en razón inversa de la 5ª potencia de
la distancia? Tenemos los exponentes — 6 o — 5 en
lugar del exponente — 2, pero siempre es un exponente.
Entre las teorías de esta época, una sola se exceptúa:
la de Fourier sobre la propagación del calor; hay átomos que actúan a distancia, uno sobre otro, pero no se
atraen, no se mueven. Desde este punto de vista, la
teoría de Fourier debía aparecer a los ojos de sus contemporáneos, de Fourier mismo, como imperfecta y
provisional.

Esta concepción no carecía de grandeza; era seduc-
tora y muchos de entre nosotros no han renunciado
definitivamente a ella; saben que no se alcanzarán los
últimos elementos de las cosas si no se desenreda pa-
cientemente la complicada madeja que nos dan nuestros
sentidos; que es menester avanzar paso a paso, sin despreciar ninguno intermedio; que nuestros padres no
han tenido razón al no querer detenerse en las etapas,
pero creen que cuando se llegue a esos últimos elementos, se volverá a encontrar allí la simplicidad majes-
tuosa de la mecánica celeste.

Esta concepción no ha sido totalmente inútil; nos ha
prestado un servicio inapreciable, puesto que ha contribuído a precisar en nosotros la noción fundamental
de la ley física. Me explicaré: ¿cómo comprendían la
ley los antiguos? Para ellos era una armonía interna,
estática, por decirlo así, e inmutable. O bien, era como
un modelo que la naturaleza se esforzaba en imitar.
Para nosotros, una ley ya no es nada de eso; es una
relación constante entre el fenómeno de hoy y el de
mañana; en una palabra, es una ecuación diferencial.

He ahí la forma ideal de la ley física. Pues bien, la
ley de Newton es la primera que la ha adoptado. Si
después esta forma se ha arraigado en la física, es
precisamente copiando tanto como era posible de la ley
de Newton, vale decir, imitando a la mecánica celeste.
Esta es, por otra parte, la idea que me he esforzado
en hacer resaltar en el capítulo VI.

La física de los principios. — No obstante, ha llegado
un día en que la concepción de las fuerzas centrales ya
no ha parecido suficiente, y esta es la primera de esas
crisis de que os hablaba hace un instante.

¿Qué se hizo entonces? Se renunció a penetrar en

el detalle de la estructura del universo, a aislar las piezas de ese vasto mecanismo, a analizar una a una las fuerzas que lo ponen en movimiento y se contentó en tomar como guía ciertos principios generales que, precisamente, tienen por objeto dispensarnos de este estudio minucioso. ¿Cómo esto? Supongamos que tenemos enfrente una máquina cualquiera; el rodaje inicial y el rodaje final son los únicos aparentes, pero las trasmisiones, los rodajes intermedios, por los cuales el movimiento se comunica de uno a otro, están ocultos en el interior y escapan a nuestra vista; ignoramos si la comunicación se hace por engranajes o por correas, por bielas o por otros dispositivos. ¿Diremos que nos es imposible entender nada de esta máquina hasta tanto no se nos permita desmontarla? Sabéis bien que no y que el principio de conservación de la energía nos basta para detenernos en el punto más interesante; comprobamos fácilmente que la rueda final gira diez veces menos rápidamente que la inicial, puesto que las dos bielas son visibles; de ello podemos concluir que una cupla aplicada a la primera equilibrará a una cupla diez veces más grande aplicada a la segunda. Para eso, de ningún modo, es necesario penetrar en el mecanismo y saber cómo se compensarán las fuerzas en el interior de la máquina; bastará asegurarse que esa compensación no puede dejar de producirse.

Ahora bien, en presencia del universo, el principio de conservación de la energía puede prestarnos el mismo servicio. Es también una máquina, mucho más complicada que todas las de la industria y casi todas cuyas partes nos están profundamente ocultas; pero observando el movimiento de las que nos son visibles, podemos, con ayuda de ese principio, obtener conclusiones que permanecerán verdaderas cualesquiera sean los detalles del mecanismo invisible que las anima.

El principio de conservación de la energía o principio de Mayer, es ciertamente el más importante, pero no es el único; hay otros de los cuales podemos sacar el mismo partido. Son:

El principio de Carnot, o principio de la degradación de la energía;

El principio de Newton, o principio de la igualdad de la acción y la reacción;

El principio de la relatividad, según el cual las leyes

de los fenómenos físicos deben ser las mismas para
un observador fijo que para un observador arrastrado
en movimiento uniforme, de modo que no tenemos, y
no podemos tener, medio alguno para discernir si somos
transportados o no en un movimiento semejante;

El principio de conservación de la masa, o principio
de Lavoisier (⁴⁴) ;

Y yo agregaré el principio de mínima acción (⁴⁵).

La aplicación de estos cinco o seis principios generales a los diferentes fenómenos físicos basta para enseñarnos lo que podemos esperar razonablemente conocer de una cosa. El más notable ejemplo de esta nueva
física matemática es, sin objeción alguna, la teoría
electromagnética de la luz, de Maxwell. ¿Qué es el éter?
¿Cómo están dispuestas sus partículas? ¿Se atraen o
se rechazan? Nada sabemos de eso, pero sabemos que
ese medio transmite a la vez las perturbaciones ópticas
y las perturbaciones magnéticas; sabemos que esa
transmisión debe hacerse conforme a las leyes generales de la mecánica, y esto nos basta para establecer
las ecuaciones del campo electromagnético.

Estos principios son el resultado de experiencias su-
mamente generalizadas, pero de su misma generalidad
parecen adquirir un grado elevado de certeza. En efecto,
cuanto más generales son, tanto más frecuentemente
se tiene la ocasión de comprobarlos, y multiplicándose
las verificaciones, tomando las formas más diversas y
más inesperadas, acaban por no dejar lugar a la duda.

Utilidad de la antigua física. — Tal es la segunda
fase de la historia de la física; todavía no hemos salido
de ella. ¿Diremos que la primera ha sido inútil, que
durante cincuenta años la ciencia ha seguido un camino
falso y que hay que olvidar tantos esfuerzos acumulados
y que una concepción viciosa condenaba de antemano
al fracaso? Por nada del mundo. ¿Creéis que la segunda
fase habría podido existir sin la primera? La hipótesis
de las fuerzas centrales contenía todos los principios,

(⁴⁴) El principio de Mayer se enuncia en la pág. 128; el de Carnot
en la pág. 117; el de Newton en la pág. 123; y el de Lavoisier en la
pág. 126.

(⁴⁵) El principio de mínima acción, debido a P. L. M. Maupertuis
(1698-1759), quien lo expuso en una memoria, en 1844, intentando fun-
damentar en él a la mecánica. Entendía por acción el producto de la
masa por el camino y el tiempo.

los llevaba consigo como consecuencias necesarias; ella implicaba la conservación de la energía, y la de las masas, y la igualdad de la acción y la reacción, y la ley de mínima acción, que aparecían, es cierto, no como verdades experimentales, sino como teoremas, y cuyos enunciados tenían al mismo tiempo no sé qué de más preciso y de menos general que bajo su forma actual.

La física matemática de nuestros padres es quien nos ha familiarizado, poco a poco, con esos distintos principios; la ciencia que nos ha habituado a reconocerlos bajo las diferentes vestimentas con las cuales se disfrazan. Se los ha comparado con los datos de la experiencia y se ha visto cómo era preciso modificar su enunciado para adaptarlos a esos datos; por eso los ha ampliado y consolidado. De este modo, uno ha sido inducido a considerarlos como verdades experimentales. La concepción de las fuerzas centrales se volvía, entonces, un sostén inútil o, más bien, un estorbo, puesto que hacía participar a los principios de su carácter hipotético.

Los marcos, pues, no se han roto porque eran elásticos, pero se han ampliado. Nuestros padres, que los habían establecido, no habrían trabajado en vano, y nosotros reconocemos en la ciencia de hoy trazos generales del esquema que ellos habían delineado.

Capítulo VIII

La crisis actual de la física matemática

La nueva crisis. — ¿Vamos a entrar ahora en una tercera fase? ¿Estamos en víspera de una segunda crisis? ¿Van a derrumbarse, a su vez, esos principios sobre los cuales hemos edificado todo? Desde hace algún tiempo uno puede preguntarse esto.

Escuchándome hablar así pensáis, sin duda, en el radio, ese gran revolucionario de los tiempos presentes. En efecto, luego volveré a él, pero hay otra cosa; lo que está en discusión no es solamente la conservación de la energía; todos los otros principios están igualmente en peligro, como hemos de verlo, pasándoles revista sucesivamente.

El principio de Carnot ([46]). — Comencemos por el
principio de Carnot. Es el único que no se presenta
como una consecuencia inmediata del principio de las
fuerzas centrales. Más aún, parece, si no contradecir
directamente esa hipótesis, por lo menos no conciliarse
con ella sin un cierto esfuerzo. Si los fenómenos físicos fueran debidos exclusivamente a los movimientos
de átomos cuyas atracciones mutuas no dependiesen
más que de las distancias, parecería que todos esos
fenómenos deberían ser reversibles; si todas las velocidades iniciales fueran invertidas, esos átomos, siempre
sometidos a las mismas leyes, deberían recorrer sus
trayectorias en sentido contrario, del mismo modo que
la Tierra describiría, en sentido retrógrado, la misma
órbita elíptica que describe en sentido directo, si las
condiciones iniciales de su movimiento fueran invertidas. Según eso, si un fenómeno físico es posible, el
fenómeno inverso debe serlo igualmente, y se debe
poder remontar el curso del tiempo. Ahora bien, en la
naturaleza eso no ocurre, y precisamente esto es lo que
el principio de Carnot nos enseña; el calor puede pasar
del cuerpo caliente al cuerpo frío y después es imposible hacerle tomar el camino inverso y restablecer las
diferencias de temperatura que se han borrado. El
movimiento puede ser integralmente disipado y transformado en calor por el frotamiento; la transformación
contraria no podrá hacerse nunca más que de una manera parcial.

Uno se ha esforzado en conciliar esta aparente contradicción: si el mundo tiende hacia la uniformidad no
es porque sus partes últimas, al principio desemejantes,
tiendan a volverse cada vez menos diferentes; es porque, moviéndose al azar terminan por mezclarse. Para
un observador que distinguiera todos los elementos, la
variedad siempre permanecerá tan grande; cada grano
de este polvo conserva su originalidad y no se modela
sobre sus vecinos, pero como la mezcla se vuelve cada
vez más íntima, nuestros groseros sentidos no advierten más que la uniformidad. He ahí por qué, por ejemplo, las temperaturas tienden a nivelarse sin que sea
posible volver atrás.

([46]) N. L. CARNOT (1796-1832), verdadero fundador de la termodinámica, es el autor del llamado 2º principio de la termodinámica, pos-
teriormente retocado por Clausius.

Si una gota de vino cae en un vaso de agua, cualquiera que sea la ley del movimiento interno del líquido, pronto lo veremos colorarse con un tinte rosado uniforme, y a partir de ese momento el vino y el agua no parecerán poder separarse más, por mucho que se agite el vaso. He aquí cuál sería el tipo de fenómeno físico irreversible. Ocultar un grano de cebada en un montón de trigo es fácil; volver a encontrarlo después y sacarlo, es prácticamente imposible. Maxwell y Boltzmann ([17]) han explicado todo esto, pero quien lo ha visto más claramente es Gibbs ([18]), en sus *Principios de mecánica estadística*, un libro muy poco leído, porque es un poco difícil de leer.

Para aquellos que se colocan en ese punto de vista, el principio de Carnot no es sino un principio imperfecto, una especie de concesión a la deficiencia de nuestros sentidos; porque nuestros ojos son demasiado groseros, no distinguimos los elementos de la mezcla; porque nuestras manos son demasiado groseras. no podemos obligarlos a apartarse. El demonio imaginario de Maxwell, que puede entresacar las moléculas una a una, bien podría constreñir al mundo a volverse atrás. ¿Puede volver allí por sí mismo? Esto no es imposible, no es más que infinitamente poco probable; hay probabilidades de que deberíamos esperar mucho tiempo el concurso de circunstancias que permitieran el retroceso, pero tarde o temprano ellas se realizarán después de tantos años que para escribir su número serían menester millones de cifras. Sin embargo, todas estas reservas seguían siendo teóricas y no eran muy inquietantes; el principio de Carnot conservaba todo su valor práctico. Mas he ahí que la escena cambia. El biólogo, provisto de su microscopio, hace mucho tiempo ha observado en sus preparaciones los movimientos desordenados de las pequeñas partículas en suspensión; es el movimiento *browniano* ([19]). Ha creído primera-

---

([17]) L. BOLTZMANN (1844-1906), digno continuador de Maxwell en la teoría cinética de los gases. Introdujo la llamada estadística natural para la interpretación de los fenómenos.

([18]) J. W. GIBBS (1839-1903), físico norteamericano, cuyos trabajos sobre termodinámica constituyen la base de la energética química y del desarrollo de la fisicoquímica.

([19]) Fenómeno señalado por primera vez por el botánico inglés R. BROWN (1773-1858) y explicado un siglo más tarde por W. RAMSAY. La teoría matemática se debe a A. EINSTEIN y luego fué completada por L. SMOLUCHOWSKI, de Cracovia.

mente que era un fenómeno vital, pero pronto ha visto que los cuerpos inanimados bailaban con igual ardor que los otros; entonces ha transferido el problema a los físicos. Desgraciadamente los físicos se han desinteresado durante mucho tiempo de esta cuestión. Uno concentra la luz para aclarar la preparación microscópica, pensaban; la luz no va a pasar sin calor. De ahí desigualdades de temperatura y, en el líquido, corrientes interiores que producen los movimientos de que se nos habla.

Gouy tuvo la idea de mirar de más cerca, y vió, o creyó ver, que esta explicación es insostenible, que los movimientos se vuelven tanto más vivos cuanto más pequeñas son las partículas, pero que no son influídos por el modo de iluminación. Entonces, si esos movimientos no cesan, o mejor, si renacen incesantemente, sin recibir nada prestado de una fuente exterior de energía, ¿qué debemos creer? No debemos, sin duda, renunciar por eso al principio de la conservación de la energía, pero vemos ante nuestros ojos, ora al movimiento transformarse en calor, ora al calor cambiarse inversamente en movimiento, y eso sin que nada se pierda, puesto que el movimiento dura siempre. Es lo contrario del principio de Carnot. Si ocurre así ya no tenemos necesidad del ojo infinitamente sutil del demonio de Maxwell para ver al mundo volver hacia atrás, pues nos basta nuestro microscopio. Los cuerpos demasiado gruesos que tienen, por ejemplo, un décimo de milímetro, son chocados por todos los lados por los átomos en movimiento, pero no se mueven porque esos choques son muy numerosos y la ley del azar quiere que se compensen; en cambio, las partículas más pequeñas reciben muy pocos golpes para que esta compensación se realice con seguridad, y son incesantemente bamboleadas. He ahí, ya, en peligro a uno de nuestros principios.

El principio de relatividad. — Vayamos al principio de relatividad, que no solamente es confirmado por la experiencia cotidiana y no solamente es una consecuencia necesaria de la hipótesis de las fuerzas centrales, sino que se impone en forma irresistible a nuestro buen sentido; sin embargo, también este principio es batido en retirada. Supongamos dos cuerpos electrizados; aunque nos parezcan en reposo, son arrastrados por el movimiento de la Tierra. Una carga eléctrica en movimiento, nos lo ha enseñado Rowland, equivale a una corriente; esos dos cuerpos cargados equivaldrán, pues, a dos corrientes paralelas y del mismo sentido, y esas dos corrientes deberán atraerse. Midiendo esta atracción, mediremos la velocidad de la Tierra, no su velocidad respecto del Sol o las estrellas fijas, sino su velocidad absoluta.

Bien sé lo que se me podrá objetar: no es su velocidad absoluta lo que se mide, es su velocidad respecto del éter. ¡Qué poco satisfactorio es esto! ¿No se ve que del principio asi entendido no se podrá sacar nada más? No podría enseñarnos nada más, justamente porque ya no temería ninguna negación. Si llegamos a medir algo, siempre tendremos la libertad de decir que no es la velocidad absoluta, y si no es la velocidad respecto del éter, siempre podrá ser la velocidad con respecto a algún nuevo flúido desconocido con el cual llenaríamos el espacio.

También la experiencia se ha encargado de destruir esta interpretación del principio de relatividad. Todas las tentativas para medir la velocidad de la Tierra con respecto al éter han concluído con resultados negativos. Esta vez la física experimental ha sido más fiel a los principios que la física matemática; los teóricos habrían hecho con ello un buen negocio para poner en concordancia sus otros conceptos generales, pero la experiencia se ha obstinado en confirmarlo. Se han variado los medios; por fin Michelson ([50]) ha llevado la precisión hasta sus últimos límites; pero nada ha obtenido. Justamente, para explicar esta obstinación, los matemáticos están obligados a desplegar todo su ingenio.

Su tarea no era fácil, y si Lorentz ([51]) se ha librado de ella, sólo pudo hacerlo acumulando hipótesis.

La idea más ingeniosa ha sido la del tiempo local. Imaginemos dos observadores que quieren poner en

---

([50]) A. MICHELSON y G. MORLEY, a fines del siglo pasado y a comienzos del actual realizaron experiencias ópticas que probaron la imposibilidad de apreciar el movimiento absoluto de la Tierra con respecto al éter.

([51]) H. A. LORENTZ, físico holandés de fines del siglo pasado y comienzos del presente, que explicó las experiencias de Michelson-Morley, admitiendo la contracción de los cuerpos.

hora sus relojes, mediante señales ópticas. Cambian las señales, pero como saben que la trasmisión de la luz no es instantánea, tienen cuidado al cruzarlas. Cuando la estación B advierte la señal de la estación A, su reloj no debe marcar la misma hora que la de la estación A en el momento de la emisión de la señal, sino esta hora aumentada en una constante que representa la duración de la trasmisión. Por ejemplo, supongamos que la estación A envía su señal cuando su reloj marca la hora cero y que la estación B la advierte cuando su reloj marca la hora t. Los relojes están puestos en hora si el retardo, igual a t, representa la duración de la trasmisión. Para verificarlo, la estación B expide a su vez una señal cuando su reloj marca cero; entonces la estación A debe advertirla cuando su reloj marque t. En este caso los relojes están puestos en hora.

En efecto, marcan la misma hora en el mismo instante físico, pero con una condición, la de que las dos estaciones sean fijas. En caso contrario, la duración de la trasmisión no será la misma en los dos sentidos, puesto que la estación A, por ejemplo, marcha al encuentro de la perturbación óptica emanada de B, mientras que la estación B huye delante de la perturbación emanada de A. Los relojes puestos en hora de esa manera no marcarán entonces el tiempo verdadero; marcarán lo que se puede llamar el tiempo local, de suerte que uno de ellos retardará con respecto al otro. Poco importa, ya que no tenemos medio alguno para advertirlo. Todos los fenómenos que se produzcan en A, por ejemplo, estarán en retardo, pero todos lo estarán igualmente y el observador no lo advertirá, puesto que su reloj atrasa. Así como lo quiere el principio de relatividad, no tendrá medio alguno para saber si está en reposo o en movimiento absoluto.

Desgraciadamente eso no basta y hacen falta hipótesis complementarias. Hay que admitir que los cuerpos en movimiento sufren una contracción uniforme en el sentido del movimiento. Por ejemplo, uno de los diámetros de la Tierra es acortado en $\frac{1}{200.000.000}$ a consecuencia del movimiento de nuestro planeta, mientras que el otro diámetro conserva su longitud normal. De este modo se encuentran compensadas las pequeñas diferencias últimas. Pero por otra parte, existe todavía la hipótesis sobre las fuerzas. Las fuerzas, cualesquiera sea su origen, el peso, la elasticidad, se reducirían en cierta proporción en un medio animado de una traslación uniforme o, más bien, eso ocurriría con las componentes perpendiculares a la traslación; las componentes paralelas no cambiarían. Volvamos a tomar entonces nuestro ejemplo de dos cuerpos electrizados. Esos cuerpos se rechazan, pero al mismo tiempo, si todo es arrastrado en una traslación uniforme, ellos equivalen a dos corrientes paralelas y del mismo sentido que se atraen.

Esta atracción electrodinámica se resta, pues, de la repulsión electrostática y la repulsión total es más débil que si los dos cuerpos estuvieran en reposo. Pero, como para medir esta repulsión debemos equilibrarla con otra fuerza y como todas estas otras fuerzas están reducidas en la misma proporción, no advertimos nada. De este modo todo parece arreglado, pero ¿están disipadas todas las dudas? ¿Qué ocurriría si se pudiera comunicar con señales que ya no fueran luminosas y cuya velocidad de propagación difiriera de la de la luz? Si después de haber puesto en hora todos los relojes por el procedimiento óptico uno quisiera verificar el ajuste con la ayuda de esas nuevas señales, se comprobarían divergencias que pondrían en evidencia la traslación común de las dos estaciones. ¿Son concebibles señales semejantes si se admite, con Laplace, que la gravitación universal se trasmite un millón de veces más rápidamente que la luz?

El principio de relatividad ha sido así valientemente defendido en estos últimos tiempos, pero la misma energía de la defensa prueba cuán serio era el ataque.

El principio de Newton. — Hablamos ahora del principio de Newton sobre la igualdad de la acción y la reacción. Está íntimamente ligado al precedente y parece que la caída de uno arrastraría la del otro. Tampoco aquí debemos asombrarnos de volver a encontrar las mismas dificultades.

Ya he mostrado más arriba que las nuevas teorías sacaban buen partido de este principio.

Los fenómenos eléctricos, según la teoría de Lorentz, son debidos a los movimientos de pequeñas partículas llamadas electrones, sumergidas en el medio que deno-

minamos éter. Los movimientos de estos electrones
producen perturbaciones en el éter vecino; estas perturbaciones se propagan en todos los sentidos con la
velocidad de la luz y, a su vez, otros electrones, primitivamente en reposo, se ponen en movimiento cuando
la perturbación alcanza las partes del éter que los rodea.
Los electrones actúan, pues, unos sobre otros, pero esta
acción no es directa y se realiza por intermedio del
éter. En estas condiciones, ¿puede haber allí compensación entre la acción y la reacción, por lo menos para
un observador que no tuviera en cuenta más que los
movimientos de la materia, es decir, de los electrones,
y que ignorara los del éter que no puede ver? Evidentemente, no. Aun cuando la compensación fuera exacta
no podría ser simultánea. La perturbación se propaga
con una velocidad finita; no alcanza, pues, al segundo
electrón más que cuando el primero hace mucho tiempo
que ha vuelto al reposo. Luego este segundo electrón
experimentará con un retardo la acción del primero,
pero ciertamente entonces no volverá a actuar sobre
él, puesto que alrededor de ese primer electrón nada se
mueve.

El análisis de los hechos nos va a permitir precisar
más. ¿Imaginemos, por ejemplo, un excitador de Hertz
como los que se emplean en telegrafía sin hilos? Él
envía energía en todos los sentidos, pero podemos pro-
veerlo de un espejo parabólico, como lo ha hecho Hertz
con sus excitadores más pequeños, a fin de reflejar en
una sola dirección toda la energía producida. ¿Qué
ocurrirá, entonces, según la teoría? Que el aparato debe
retroceder como si fuera un cañón y la energía que ha
proyectado, una bala; eso es contrario al principio de
Newton, puesto que nuestro proyectil, en este caso, no
tiene masa; no es materia, es energía. Por otra parte
ocurre lo mismo aun con un faro provisto de un reflec-
tor, ya que la luz no es otra cosa que una perturbación
del campo electromagnético. Este faro deberá retroceder como si la luz que envía fuera un proyectil. ¿Cuál
es la fuerza que debe producir este retroceso? La que
se ha llamado *presión Maxwell-Bartholdi;* ([52]) es muy

([52])   Establecido simultáneamente, mediante el cálculo, por ambos
investigadores, apoyándose uno en su teoría electromagnética de la luz,
el otro en el principio de Carnot. Esta presión de radiación determina,
por ejemplo, la forma de la cola de los cometas.

pequeña y se han tenido muchos inconvenientes para ponerla en evidencia con los radiómetros más sensibles, pero basta que exista.

Si toda la energía emanada de nuestro excitador cae sobre un receptor, éste se comportará como si hubiera recibido un choque mecánico que representará, en cierto sentido, la compensación del retroceso del excitador; la reacción será igual a la acción, pero no será simultánea; el receptor avanzará, pero no en el instante en que el excitador retroceda. Si la energía se propaga indefinidamente sin encontrar receptor, la compensación no se producirá jamás.

¿Se dirá que el espacio que separa al excitador del receptor y que la perturbación debe recorrer para ir de uno a otro, no está vacío sino lleno, no solamente de éter, sino de aire o, aun en los espacios interplanetarios, de algún flúido sutil, pero todavía ponderable y que esta materia sufre el choque como el receptor en el momento en que la energía la alcanza y retrocede a su vez cuando la perturbación la abandona? Esto salvaría al principio de Newton, pero no es cierto; si la energía al propagarse permaneciera siempre unida a algún substrato material, la materia en movimiento arrastraría a la luz con ella y Fizeau ha demostrado que eso es falso, al menos para el aire. Esto fué después confirmado por Michelson y Morley ([53]). Se puede suponer también que los movimientos de la materia propiamente dicha son exactamente compensados por los del éter, pero esto nos conduciría a las mismas reflexiones de hace un instante. El principio así entendido podrá explicar todo, puesto que cualesquiera sean los movimientos visibles, siempre se tendrá la facultad de imaginar movimientos hipotéticos que los compensen. Pero si puede explicarlo todo, no nos permite elegir entre las diferentes hipótesis posibles, puesto que explica todo de antemano. Se vuelve, pues, inútil.

Por otra parte, las suposiciones que sería preciso hacer sobre los movimientos del éter no son muy satisfactorias. Si las cargas eléctricas se duplican, sería

([53]) Los famosos experimentos de H. FIZEAU (1819-1896) del año 1851, sobre la velocidad de la luz en el agua, revelaron sólo el arrastre parcial de las ondas luminosas por la materia en movimiento. La experiencia fué repetida por Michelson y últimamente, en 1921, por Zeeman.

natural imaginar que también se duplican las velocidades de los diversos átomos del éter, y como compensación es menester que la velocidad media del éter
se cuadruplique.

Por esto he pensado mucho tiempo que esas consecuencias de la teoría, contrarias al principio de Newton, acabarían por ser abandonadas algún día, y sin
embargo las recientes experiencias sobre los movimientos de los electrones emanados del radio parecen más
bien confirmarlas.

El principio de Lavoisier (54).— Llego al principio
de Lavoisier sobre la conservación de las masas. En
verdad, éste es uno al que no se podría tocar sin perturbar la mecánica. Actualmente ciertas personas piensan que nos parece verdadero, porque en mecánica no
se consideran más que velocidades moderadas, pero que
dejarían de serlo para cuerpos animados de velocidades comparables a la de la luz. Ahora bien, se cree haber obtenido estas velocidades; los rayos catódicos y
los del radio estarían formados por partículas muy pequeñas, electrones, que se moverían con velocidades,
sin duda más pequeñas que las de la luz, pero apenas
un décimo o un tercio.

Estos rayos pueden ser desviados por un campo eléctrico o bien por un campo magnético, y se puede, comparando esas desviaciones, medir a la vez la velocidad
de los electrones y su masa (o mejor, la razón entre su
masa y su carga). Pero cuando se ha visto que esas
velocidades se acercaban a la de la luz, se ha advertido
que era necesaria una corrección. Estando electrizadas
esas moléculas no pueden moverse sin perturbar el
éter. Para ponerlas en movimiento es necesario vencer
una doble inercia: la de la molécula misma y la del
éter. La masa total o aparente que se mide se compo-
ne, pues, de dos partes: la masa real o mecánica de la
molécula, y la masa electrodinámica que representa la
inercia del éter.

Los cálculos de Abraham y las experiencias de Kauff-

---

(54) A. LAVOISIER (1743-1794), que lo adoptó como fundamental para sus investigaciones, lo expuso apenas en su «*Traité élémen-
taire de Chimie*». Implícitamente ya lo habían empleado Black y Ca-
vendish en sus experiencias; hoy se sabe que ya con anterioridad lo había enunciado el sabio ruso Lomonosov (1711-1765).

man ([55]) han demostrado entonces que la masa mecánica propiamente dicha es nula y que la masa de los electrones, o por lo menos la de los electrones negativos, es de origen exclusivamente electrodinámico. He ahí lo que nos obliga a cambiar la definición de la masa; no podemos distinguir más la masa mecánica de la masa electrodinámica, porque entonces la primera se desvanecería. No hay otra masa que la inercia electrodinámica, pero en este caso la masa no puede ser constante; ella aumenta con la velocidad y aun depende de la dirección. Un cuerpo animado de una velocidad apreciable no opondrá la misma inercia a las fuerzas que tienden a desviarlo de su ruta y a las que tienden a acelerar o a retardar su marcha.

Hay todavía un recurso; los últimos elementos de los cuerpos son los electrones, unos cargados negativamente, otros positivamente. Se admite que los electrones negativos no tienen masa, pero los electrones positivos, según lo poco que de ellos se sabe, parecen mucho más grandes. Quizás tengan, además de su masa electrodinámica, una verdadera masa mecánica. La verdadera masa de un cuerpo sería entonces la suma de las masas mecánicas de sus electrones positivos; los electrones negativos no contarían. Todavía podría ser constante la masa así definida.

Pero también este recurso se nos escapa. Acordémonos de lo que hemos dicho acerca del principio de relatividad y de los esfuerzos hechos para salvarlo. Y no es solamente un principio lo que se trata de salvar; son los resultados indubitables de las experiencias de Michelson. Ahora bien, así como lo hemos visto más arriba, para dar cuenta de todos estos resultados, Lorentz se ha visto obligado a suponer que todas las fuerzas, cualquiera sea su origen, se reducían en la misma proporción en un medio animado de una traslación uniforme. No es suficiente que eso ocurra con las fuerzas reales; es menester que suceda lo mismo con las fuerzas de inercia; es menester, pues, dice: *que las masas de todas las partículas estén influidas por una*

([55]) Al matemático **M. ABRAHAM** se debe la hipótesis de las dos masas, transversal y longitudinal, de los electrones en movimiento; a KAUFFMAN, y luego a BUCHERER, en 1908 se deben importantes experimentos que evidenciaron la invariabilidad de la masa electrónica con la velocidad.

traslación del mismo grado que las masas electromagnéticas de los electrones.

Así las masas mecánicas deben variar según las mismas leyes que las masas electrodinámicas; no pueden, pues, ser constantes.

¿Tengo necesidad de hacer observar que el derrumbe del principio de Lavoisier arrastra consigo el del principio de Newton? Este último expresa que el centro de gravedad de un sistema aislado se mueve en línea recta, pero si ya no hay masa constante, no hay más centro de gravedad, y ni siquiera se sabe lo que es. Por eso he dicho antes que las experiencias con los rayos catódicos habían parecido justificar las dudas de Lorentz con respecto al principio de Newton.

De todos estos resultados, si se confirmaran, surgiría una mecánica enteramente nueva que estaría, sobre todo, caracterizada por el hecho de que ninguna velocidad podría superar a la de la luz (*) ([56]), como tampoco ninguna temperatura puede descender por debajo del cero absoluto. Para un observador arrastrado en una traslación de la que no duda, ninguna velocidad aparente podría tampoco superar a la de la luz, y eso sería una contradicción si no se recordara que este observador no se serviría de los mismos relojes que un observador fijo, sino de relojes que marcaran el «tiempo local».

Henos aquí entonces frente a una cuestión que me limito a plantear. Si ya no hay masas, ¿en qué se convierte la ley de Newton?

La masa tiene dos aspectos; es a la vez un coeficiente de inercia y una masa atractiva que entra como factor en la atracción newtoniana. Si el coeficiente de inercia no es constante, ¿podrá serlo la masa atractiva? He ahí la cuestión.

El principio de Mayer ([57]). — Por lo menos nos quedaba todavía el principio de la conservación de la ener-

---

(*) Pues los cuerpos opondrían una inercia creciente a las causas que tendieran a acelerar sus movimientos, y esa inercia se volvería infinita cuando se aproximara a la velocidad de la luz. (Nota del autor).

([56]) Este principio de la constancia de la velocidad de la luz como velocidad máxima posible, es postulado fundamental de la teoría de la relatividad restringida de EINSTEIN.

([57]) Este principio fué enunciado por R. MAYER (1814-1878) y confirmado por JOULE (1818-1889).

gía y parecía más sólido. ¿Os recordaré cómo, a su vez,
fué desacreditado? El acontecimiento ha tenido más
resonancia que los precedentes y está en la memoria
de todos. Desde los trabajos de Becquerel ([58]), y sobre
todo cuando los Curie descubrieron el radio, se vió
que todo cuerpo radiactivo era una fuente inagotable
de radiación. Su actividad parecía subsistir sin alteración, a través de los meses y los años. Eso ya era
una alteración de los principios; esas radiaciones eran,
en efecto, energía y fluían siempre del mismo trozo de
radio. Pero esas cantidades de energía eran demasiado
débiles para ser medidas. Por lo menos así se lo creía
y uno no se inquietaba demasiado por ello.

La cuestión cambia cuando Curie ([59]) se atreve a
poner el radio en un calorímetro; entonces se vió que
la cantidad de calor producido incesantemente era muy
notable.

Las explicaciones propuestas fueron numerosas, pero en materia semejante no se puede decir que la abun-
dancia de bienes no sea perjudicial. Mientras una de
ellas no haya triunfado sobre las otras, no podemos
estar seguros de que alguna sea buena. No obstante,
después de algún tiempo, una de esas explicaciones parece ganar ventajas y razonablemente se puede esperar que tengamos la clave del misterio.

Sir W. Ramsay ([60]) ha tratado de demostrar que el
radio se transforma, que encierra una provisión de
energía enorme pero no inagotable. La transformación
del radio produciría entonces un millón de veces más
calor que todas las transformaciones conocidas; es bien
poco, pero notáis que, al menos, estamos seguros de
estar fijos en este punto por algunos centenares de
años. Mientras tanto nuestras dudas subsisten.

([58])   H. BECQUEREL (1852-1908), es el célebre físico francés des-
cubridor de la radiactividad en el uranio, y precursor de los Curie.

([59])   P. CURIE (1869-1906) y M. SKLODOWSKA-CURIE, consi-
guieron aislar el polonio y el radio en la pechblenda.

([60])   W. RAMSAY, en 1904, encerrando una pequeña cantidad de
substancia radiactiva en un tubo de vidrio de paredes suficientemente
delgadas, introducido en otro provisto de electrodos, donde se hizo el
vacío, consiguió el espectro del helio al producir la chispa, probando
así la transformación de un elemento en otro.

CAPÍTULO IX

El porvenir de la física matemática

Los principios y la experiencia. — ¿Qué queda en pie
en medio de tantas ruinas? El principio de acción mínima permanece intacto hasta el presente y Larmor
parece creer que sobrevivirá mucho tiempo a los otros;
en efecto, todavía es mucho más vago y general que
ellos.

¿Qué actitud adoptará la física matemática en presencia de este desmoronamiento general de los principios? En primer término, antes de inquietarse demasiado conviene preguntar si todo eso es efectivamente cierto. Todas esas excepciones a los principios sólo
se encuentran en lo infinitamente pequeños; hace falta
el microscopio para ver el movimiento browniano, los
electrones son muy livianos, el radio es muy raro y
nunca se tienen de él más que algunos miligramos por
vez. Entonces cabe preguntarse si al lado del infinitamente pequeño que se ha visto no habrá otro infinitamente pequeño que no se ve, haciendo contrapeso al
primero.

Hay, pues, allí una cuestión previa y, a lo que parece,
sólo la experiencia puede resolverla. No tendremos entonces más que ceder el turno a los experimentadores
sin preocuparnos de esos inquietantes problemas hasta
que haya sido cerrado definitivamente el debate y continuar tranquilamente nuestra obra como si los principios fueran todavía incontestables. En verdad, tenemos mucho que hacer sin salir del dominio donde pueden ser aplicados con toda seguridad; tenemos en qué
emplear nuestra actividad durante ese período de
dudas.

El papel del analista. — No obstante estas dudas, ¿es
realmente cierto que no podríamos hacer nada por des-
embarazar de ellas a la ciencia? Es absolutamente necesario decir que no sólo la física matemática las ha
hecho nacer; mucho ha contribuído también a ello, por
su parte, la física experimental. Los experimentadores
han visto al radio despedir energía, pero los teóricos

han puesto en evidencia todas las dificultades ocasionadas por la propagación de la luz a través de un medio en movimiento; sin ellos, probablemente no se las hubiera advertido. Pues bien, si han hecho lo posible por ponernos en aprieto, conviene también que nos ayuden a salir de él.

Es necesario que sometan a la crítica todas esas nuevas maneras de ver que acabo de esbozaros y que no abandonen los principios, sino después de haber hecho un leal esfuerzo para salvarlos. ¿Qué pueden hacer en ese sentido? Eso es lo que procuraré explicar. ¿Se trata, en primer lugar, de obtener una teoría más satisfactoria de la electrodinámica de los cuerpos en movimiento? Allí, especialmente, lo he mostrado anteriormente, las dificultades se suman; es inútil acumular hipótesis, pues no se puede satisfacer a todos los principios a la vez. Hasta ahora no se ha logrado proteger a unos sino con la condición de sacrificar a los otros, pero la esperanza de obtener mejores resultados todavía no está totalmente perdida. Consideremos, pues, la teoría de Lorentz, examinémosla en todos los sentidos, modifiquémosla poco a poco y quizás todo se arregle.

Así, en lugar de suponer que los cuerpos en movimiento sufren una contracción en el sentido del movimiento y que esta contracción es la misma, cualquiera que sea la naturaleza de esos cuerpos y las fuerzas a que, por otra parte, están sometidos, ¿no podría formularse una hipótesis más simple y natural? Por ejemplo, se podría imaginar que el éter se modifica cuando se halla en movimiento relativo con respecto al medio material que lo penetra y que, cuando está así modificado, deja de trasmitir las perturbaciones con la misma velocidad en todos los sentidos. Trasmitiría más rápidamente las que se propagaran paralelamente al movimiento del medio, sea en el mismo sentido o bien en el contrario, y menos rápidamente aquéllas que se propagaran perpendicularmente. Las superficies de onda ya no serían esferas sino elipsoides; entonces se podría evitar esta extraordinaria contracción de todos los cuerpos.

Sólo cito eso a título de ejemplo, pues evidentemente las modificaciones que se podrían intentar son susceptibles de variar hasta infinito.

La aberración y la astronomía. — También es posible que algún día la astronomía nos suministre datos sobre este punto; esta ciencia es, en suma, la que ha promovido la cuestión al hacernos conocer el fenómeno de la aberración de la luz. Si se estudia groseramente la teoría de la aberración, se llega a un resultado muy curioso. Las posiciones aparentes de las estrellas difieren de sus posiciones reales, a causa del movimiento de la Tierra, y como este movimiento es variable, esas posiciones aparentes varían. No podemos conocer la posición real, pero podemos observar las variaciones de la posición aparente. Las observaciones de la aberración no nos muestran, pues, el movimiento de la Tierra, sino sus variaciones; por consiguiente no pueden darnos datos sobre el movimiento absoluto de la Tierra.

Por lo menos esto es lo verdadero en primera aproximación, pero ya no sería así si se pudieran apreciar los milésimos de segundo. En ese caso se vería que la amplitud de la oscilación depende, no solamente de la variación del movimiento, que es bien conocida, por ser el movimiento de nuestro globo sobre su órbita elíptica, sino también del valor medio de ese movimiento; de modo que la constante de aberración no sería completamente la misma para todas las estrellas y las diferencias nos harían conocer el movimiento absoluto de la Tierra en el espacio.

Eso sería, bajo otra forma, la ruina del principio de relatividad. En verdad, estamos lejos de apreciar el milésimo de segundo, pero después de todo, como dicen algunas personas, la velocidad absoluta de la Tierra es, quizás, mucho más grande que su velocidad relativa con respecto al Sol; si fuera de 300 kilómetros por segundo, por ejemplo, en lugar de ser de 30, eso bastaría para que el fenómeno se volviera observable.

Creo que razonando así se admite una teoría demasiado simplista de la aberración; Michelson nos ha mostrado, como ya he dicho, que los procedimientos físicos son impotentes para poner en evidencia el movimiento absoluto; estoy persuadido de que ocurrirá lo mismo con los procedimientos astronómicos por mucho que aumente la precisión.

Como quiera que sea, los datos que en ese sentido nos suministre la astronomía, algún día serán preciosos para el físico. Mientras tanto creo que los teóricos, recordando la experiencia de Michelson, pueden descontar un resultado negativo y entonces harían obra útil construyendo una teoría de la aberración que explicara eso por adelantado.

Los electrones y los espectros. — Esta dinámica de los electrones puede ser abordada por muchos lados, pero entre los caminos que a ella conducen, hay uno que ha sido un poco descuidado, no obstante ser de los que promete mayores sorpresas. Los movimientos de los electrones producen las rayas de los espectros de emisión, según lo prueba el fenómeno de Zeeman [61]; en un cuerpo electrizado lo que vibra es sensible al imán y, por lo tanto, electrizado. Este es un primer punto muy importante, pero no se ha avanzado más. ¿Por qué las rayas del espectro están distribuídas según una ley regular? Estas leyes, que han sido estudiadas por los experimentadores en sus menores detalles, son muy precisas y relativamente simples. El primer estudio de esas distribuciones hace pensar en las armónicas que uno encuentra en acústica, pero la diferencia es grande; no solamente los números de vibraciones no son los múltiplos sucesivos de un mismo número, sino que tampoco encontramos nada análogo a las raíces de esas ecuaciones trascendentes a que nos conducen tantos problemas de física matemática: el de las vibraciones de un cuerpo elástico de forma cualquiera, el de las oscilaciones hertzianas, en un excitador de forma cualquiera, el problema de Fourier para el enfriamiento de un cuerpo sólido.

Las leyes son más simples, pero de naturaleza totalmente distinta y, para no citar sino una de esas diferencias, para las armónicas de orden elevado el número de vibraciones tiende hacia un límite finito en lugar de crecer indefinidamente.

Esto no se ha explicado todavía y creo que es uno de los más importantes secretos de la naturaleza. Un físico japonés, Nagaoka [62], ha propuesto reciente-

---

[61] P. ZEEMAN, físico holandés que descubrió, en 1896, que el campo electromagnético puede modificar el espectro luminoso de una fuente incandescente, desdoblando sus rayas.

[62] Esta hipótesis del físico japonés H. NAGAOKA, coincide esencialmente con el conocido modelo atómico de E. Rutherford.

mente una explicación. Según él los átomos estarían
constituídos por un gran electrón positivo al que rodea
un anillo formado por un número muy grande de electrones negativos muy pequeños. Tal como el planeta
Saturno con su anillo. Esa es una tentativa muy interesante, pero todavía no completamente satisfactoria;
sería necesario renovarla. Penetraremos, por decir así,
en la intimidad de la materia. Y desde el punto de
vista particular que hoy nos ocupa, cuando sepamos por
qué las vibraciones de los cuerpos incandescentes difieren así de las vibraciones elásticas ordinarias, por
qué los electrones no se comportan como la materia
que nos es familiar, comprenderemos mejor la dinámica
de los electrones y quizás nos será más fácil conciliarla
con los principios.

Las convenciones ante la experiencia. — Supongamos
ahora que todos esos esfuerzos fracasen, lo que en resu-
midas cuentas, no creo. ¿Qué será necesario hacer entonces? ¿Será necesario tratar de reparar los principios
mellados dando lo que nosotros los franceses llamamos
una pulgarada? Evidentemente, eso es siempre posible
y no retiro nada de lo que he dicho antes. ¿No
habéis escrito, podríais decirme si quisierais buscar pendencia, que los principios, aun los de origen
experimental, están fuera de los alcances de la experiencia, porque se han convertido en convenciones? Y
ahora venís a decirnos que las más recientes conquistas
de la experiencia ponen esos principios en peligro.

Y bien, tenía razón antes y la tengo ahora. Antes
tenía razón y lo que ocurre hoy día es una nueva prueba de ello. Consideremos, por ejemplo, la experiencia
calorimétrica de Curie sobre el radio. ¿Es posible conciliarla con el principio de conservación de la energía?
Se lo ha intentado de muchas maneras, pero entre todas
hay una que desearía haceros observar; no es la explicación que hoy tiende a prevalecer, pero es una de las
que han sido propuestas. Se ha supuesto que el radio
no era más que un intermediario, que no hacía más
que almacenar radiaciones de naturaleza desconocida
que surcaban el espacio en todas direcciones, atravesan-
do todos los cuerpos, salvo el radio, sin ser alterados
por ese pasaje y sin ejercer acción alguna sobre ellos.

Sólo el radio les tomaría un poco de su energía y nos la devolvería luego bajo diversas formas.

¡Qué explicación ventajosa y cuán cómoda es! En primer lugar es inverificable y, por lo mismo, irrefutable. Después puede servir para explicar no importa cuál excepción al *principio de Mayer;* responde de antemano no solamente a la objeción de Curie, sino a todas las objeciones que los experimentadores futuros podrían acumular. Esta energía nueva y desconocida podría servir para todo.

Es justamente lo que había dicho, y con eso se nos manifiesta bien claro que nuestro principio está fuera de los alcances de la experiencia.

En fin, ¿qué hemos ganado con esa pulgarada? El principio está intacto, pero ¿para qué puede servir en adelante? Él nos permitía prever que en tal o cual circunstancia podíamos contar con tal cantidad total de energía; ese principio nos limitaba, pero ahora que se pone a nuestra disposición esa provisión indefinida de energía nueva, ya no estamos limitados por nada y, como he escrito en *La ciencia y la hipótesis* ([63]), si un principio deja de ser fecundo, la experiencia, sin contradecirlo directamente, sin embargo lo habrá desahuciado.

La física matemática futura. — Entonces esto no es lo que habría que hacer; deberíamos reconstruir de nuevo. Por otra parte, si se estuviera imposibilitado por esta necesidad, podríamos consolarnos. No sería necesario concluir por eso que la ciencia no puede hacer más que un trabajo de Penélope, que sólo puede levantar construcciones efímeras que pronto es forzada a demoler de arriba a abajo, con sus propias manos.

Como os he dicho, ya hemos pasado por una crisis semejante. Os he mostrado cómo, en la segunda física matemática, la de los principios, se vuelven a encontrar las huellas de la primera, la de las fuerzas centrales. Aun ocurrirá lo mismo si tuviéramos que conocer una tercera. Igual que el animal que muda, que rompe su caparazón demasiado estrecho y se hace uno más nuevo, bajo su nueva envoltura se reconocerán fácil-

([63]) Op. cit. pág. 160.

mente los caracteres esenciales del organismo que han subsistido.

No podemos prever en qué sentido vamos a extendernos; quizás sea la teoría cinética de los gases la que se desarrollará y servirá de modelo a las otras. Entonces, los hechos que primeramente se nos aparecían como simples, no serán más que las resultantes de un número muy grande de hechos elementales que sólo las leyes del azar harían concurrir a un mismo fin. La ley física, por lo tanto, tomaría un aspecto completamente nuevo. Ya no sería solamente una ecuación diferencial; adquiriría el carácter de una ley estadística.

Quizás también nosotros deberemos construir toda una nueva mecánica que no hacemos más que entrever, en la que, creciente la inercia con la velocidad, la velocidad de la luz se volvería un límite infranqueable. La mecánica vulgar, más simple, permanecería como una primera aproximación, puesto que sería verdadera para las velocidades no muy grandes, de modo que todavía se volvería a encontrar a la antigua dinámica debajo de la nueva. No tendríamos que lamentarnos por haber creído en los principios, y aun como las velocidades demasiado grandes para las antiguas fórmulas siempre serían excepcionales, lo más seguro en la práctica sería todavía obrar como si se continuara creyendo en ellos. Son tan útiles que sería preciso conservarles un lugar. Querer excluirlos completamente sería privarse de un arma preciosa. Para terminar me apresuro a decir que no estamos en eso y que nada nos prueba que no saldrán victoriosos e intactos en la lucha (*).

(*) Estas consideraciones sobre la física matemática están tomadas de la conferencia dada en Saint-Louis. (Nota del autor.)

TERCERA PARTE

EL VALOR OBJETIVO DE LA CIENCIA

CAPÍTULO X

¿Es artificial la Ciencia?

1. — *La filosofía de Le Roy.*

He ahí muchas razones para ser escépticos. ¿Debemos llevar adelante este escepticismo hasta el final o detenernos en el camino? Llegar hasta el final es la solución más tentadora y cómoda, y muchas personas la han adoptado, desesperándose por no poder salvar nada del naufragio.

Entre los escritos que se inspiran en esa tendencia, conviene colocar en primera línea a los de Le Roy ([61]). Este pensador no es solamente un filósofo y un escritor del más grande mérito; además ha adquirido un conocimiento profundo de las ciencias exactas y físicas y aun ha dado prueba de preciosas facultades de invención matemática.

Resumamos en algunas palabras su doctrina que ha dado lugar a numerosas discusiones.

La Ciencia no está hecha más que de convenciones, y a esta circunstancia únicamente debe su aparente certeza. Los hechos científicos y, *a fortiori*, las leyes son la obra artificial del sabio. Luego, la Ciencia no puede enseñarnos nada de la verdad y sólo puede servirnos como norma de acción.

Se reconoce ahí la teoría filosófica conocida con el nombre de nominalismo; no todo es falso en ella; es menester reservarle su legítimo dominio, pero también sería necesario no dejarla salir de él.

([61]) E. LE ROY, filósofo francés, continuador de Bergson y Blondel, a cuyo trabajo: «*Science et Philosophie*», aparecido en la Révue de Métaphysique et de Morale, en 1901, se refiere Poincaré.

Eso no es todo; la doctrina de Le Roy no es solamente nominalista y tiene todavía otro carácter que debe sin duda a la influencia de Bergson ([65]): es antiintelectualista. Para Le Roy, la inteligencia deforma todo lo que toca y eso es más cierto todavía para su instrumento necesario: «el discurso». No hay realidad más que en nuestras impresiones fugitivas y cambiantes, y esta misma realidad, desde que se la toca, se desvanece.

Sin embargo, Le Roy no es un escéptico; si considera a la inteligencia como irremediablemente impotente, no es sino para dar parte más amplia a otras fuentes del conocimiento, por ejemplo, al corazón, al sentimiento, al instinto o a la fe.

Cualquiera que sea mi estima por el talento de Le Roy, cualquiera que sea la ingeniosidad de esta tesis, yo no podría aceptarla enteramente. En verdad, estoy de acuerdo con Le Roy en muchos puntos y él mismo ha citado, en apoyo de su manera de ver, diversas partes de mis escritos que de ningún modo estoy dispuesto a rechazar. Por eso me creo más obligado a explicar por qué no puedo seguirlo hasta el final.

Le Roy se queja a menudo de ser acusado de escepticismo. Él no podría no serlo, aunque esta acusación fuera probablemente injusta. ¿No están en su contra las apariencias? Nominalista de doctrina pero realista de corazón, parece no escapar del nominalismo absoluto más que por un desesperado acto de fe.

Ocurre que la filosofía antiintelectualista, recusando el análisis y el «discurso», se condena, por esto mismo, a ser intrasmisible; es una filosofía esencialmente interna o, a lo sumo, no son más que las negaciones lo que de ella puede transmitirse. ¿Cómo asombrarse, entonces, de que para un observador exterior, tome la forma del escepticismo?

Este es el punto débil de esta filosofía; si quiere permanecer fiel a sí misma, agota su potencia en una negación y un grito de entusiasmo. Cada autor puede repetir esa negación y ese grito, variar sus formas, pero sin agregarles nada.

Entonces, ¿no sería más consecuente callándose?

([65]) H. BERGSON (1859-1940), notable filósofo contemporáneo, sostenedor del intuicionismo como superación de la doctrina comtiana.

Veamos, habéis escrito largos artículos; para eso os ha sido absolutamente necesario emplear palabras. Y por ello, ¿no habéis estado mucho más «discursivos» y, por consiguiente, mucho más lejos de la vida y de la verdad, que el animal que vive simplemente sin filosofar? ¿No será ese animal el verdadero filósofo?

No obstante, ¿debemos concluir que lo mejor es no pintar, porque ningún pintor haya podido hacer un retrato completamente parecido? Cuando un zoólogo diseca un animal, ciertamente lo «altera». En efecto, disecándolo, se condena a no conocerlo nunca del todo, pero no haciéndolo, se condenaría a no conocerlo jamás y, por consiguiente, a no decir nunca nada de él.

Por cierto, hay en el hombre otras fuerzas además de su inteligencia; nadie ha sido nunca suficientemente insensato para negarlo. A esas fuerzas ciegas, cualquiera las hace actuar o las deja actuar. El filósofo debe *hablar* de ellas; para ello debe conocerlas lo poco que se las puede conocer y debe, pues, *mirarlas* actuar. ¿Cómo? ¿Con qué ojos? ¿De otra manera que con su inteligencia? El corazón, el instinto pueden guiarla pero no volverla inútil, pueden dirigir la mirada pero no reemplazar al ojo. Se puede admitir que el corazón sea el obrero y que la inteligencia no sea más que el instrumento. Aun así, es un instrumento del cual no se puede prescindir, si no para actuar, al menos para filosofar. Por eso, una filosofía verdaderamente anti-intelectualista es imposible. Quizás deberemos decidirnos por la «primacía» de la acción; con todo, no es sino nuestra inteligencia quien concluirá así; cediendo el paso a la acción guardará de esa manera la superioridad de la «caña pensante» (66). Esa es también una «primacía» que no se debe desdeñar.

Perdónense estas cortas reflexiones, y perdonen también que las haya hecho tan cortas, rozando apenas la cuestión. El proceso del intelectualismo no es el tema que quiero tratar. Quiero hablar de la ciencia; para ella no existe la duda; por definición será intelectualista o no lo será, por decirlo así. Lo que se trata de saber es si lo será.

---

(66) Ésta es una alusión a cierto pensamiento de Pascal: «El hombre es débil como una caña, pero es una caña pensante».

2. — *La ciencia, norma de acción.*

Para Le Roy, la ciencia no es más que una norma
de acción. Somos impotentes para conocer nada y, sin
embargo, estamos comprometidos; nos es preciso actuar
y nos hemos fijado reglas completamente al azar. Al
conjunto de esas reglas se le llama ciencia.

Así es cómo los hombres, deseosos de divertirse, han
instituído las reglas de los juegos, las del «tric-trac»,
que podrían, mejor que la ciencia misma, apoyarse en
la prueba del acuerdo universal. Igualmente, así es
cómo, por no estar en condiciones de elegir, pero for-
zados a ello, se arroja al aire una moneda para tirar
a cara o cruz.

La regla del «tric-trac» es, en realidad, una regla
de acción como la ciencia, pero, ¿se creerá que la comparación es justa y no ha de verse la diferencia? Las
reglas del juego son convenciones arbitrarias y se
habría podido adoptar la convención contraria *que no
hubiera sido menos buena.* Al contrario, la ciencia es
una regla de acción que acierta, al menos generalmente,
mientras que la regla contraria no habría tenido éxito.

Si digo: «para obtener hidrógeno haced actuar un
ácido sobre el cinc», formulo una regla acertada; habría
podido decir: «haced actuar agua destilada sobre el
oro», y ésta también habría sido una regla, aunque no
habría tenido éxito.

Luego, si las «recetas» científicas tienen un valor
como normas de acción, es porque sabemos que son
acertadas, al menos en general. Pero saber eso, en verdad, es saber algo, y entonces, ¿por qué venís a decirnos
que no podemos conocer nada?

La ciencia prevé y porque prevé puede ser útil y
servir como norma de acción. Comprendo bien que sus
previsiones son desmentidas a menudo por los hechos;
esto prueba que la ciencia es imperfecta, y si agrego
que permanecerá siempre así, estoy seguro de que esa
previsión, al menos, no será desmentida jamás. Con
todo, el sabio se equivoca *menos frecuentemente* que
un profeta que predica al azar. Por otra parte, el progreso es lento pero continuo, de suerte que los sabios,
aunque cada vez más osados, son burlados cada vez
menos. Aunque poco, esto es bastante.

Bien sé que Le Roy ha dicho en alguna parte que la ciencia se equivocaba más a menudo de lo que se creía, que algunas veces los cometas hacían bromas a los astrónomos; que los sabios, que aparentemente son hombres, no hablaban de buena gana de sus fracasos y que, si lo hicieran, deberían contar más derrotas que victorias.

Ese día, Le Roy ha excedido evidentemente a su pensamiento. Si la ciencia no tuviera éxito, no podría servir como norma de acción. ¿De dónde sacaría, entonces, su valor? ¿De que es «vivida», vale decir que gustamos de ella y en ella creemos? Los alquimistas tenían recetas para hacer oro, les gustaban y tenían fe en ellas y, sin embargo, aunque nuestra fe sea menos viva, nuestras recetas son las buenas, porque dan buen resultado.

No hay modo de eludir este dilema: o la ciencia no permite prever, y entonces no tiene valor como norma de acción, o bien permite prever de una manera más o menos imperfecta, y entonces no carece de valor como medio de conocimiento. Ni siquiera se puede decir que la acción sea el fin de la ciencia. ¿Debemos condenar los estudios hechos sobre la estrella Sirio, con el pretexto de que probablemente nunca ejerceremos acción alguna sobre ese astro?

Por lo contrario, a mi juicio el fin es el conocimiento y la acción es el medio. Si me felicito del desarrollo industrial, no es solamente porque suministra un argumento fácil a los abogados de la ciencia; es sobre todo porque da al sabio la fe en sí mismo y también porque le ofrece un campo de experiencia inmenso, donde tropieza con fuerzas demasiado colosales para que haya modo de dar una pulgarada. Sin este lastre, ¿quién sabe si no se apartaría de la tierra, seducido por el espejismo de una nueva escolástica o si no desesperaría, creyendo no haber tenido más que un sueño?

3. — *El hecho bruto y el hecho científico.*

Lo más paradójico de la tesis de Le Roy, era esa afirmación de que *el sabio crea el hecho;* era al mismo tiempo el punto esencial y uno de los que han sido más discutidos.

Quizás, dice (creo que eso era una concesión), no

es el sabio quien crea el hecho bruto, pero por lo menos crea el hecho científico.

Esta distinción entre el hecho bruto y el hecho científico no me parece ilegítima por sí misma. Pero lamento, en primer lugar, que el límite no haya sido trazado ni de una manera exacta ni de una manera precisa, y, después, que el autor haya parecido sobreentender que el hecho bruto, al no ser científico, está fuera de la ciencia.

Por fin, no puedo admitir que el sabio cree libremente el hecho científico, puesto que el hecho bruto es quien se lo impone.

Los ejemplos dados por Le Roy me han asombrado mucho. El primero está tomado de la noción de átomo. ¡El átomo tomado como ejemplo de hecho! Confieso que esta elección me ha desconcertado de tal manera que prefiero no decir nada. Evidentemente he comprendido mal el pensamiento del autor y no podría discutirlo con provecho.

El segundo caso tomado como ejemplo, es el de un eclipse. Se le ha respondido: «pero eso no es un hecho», y él ha replicado: «lo era tanto para Galileo, que lo afirmaba, como para el inquisidor que lo negaba». Con todo, no es un hecho de la misma clase que aquéllos de los cuales acabamos de hablar, y darles el mismo nombre es exponerse a muchas confusiones.

He ahí, por lo tanto, cuatro grados:

1º Oscurece, dice el ignorante.

2º El eclipse ha ocurrido a las nueve, dice el astrónomo.

3º El eclipse ha ocurrido a la hora que se puede deducir de las tablas construidas según las leyes de Newton, agrega.

4º Eso se debe a que la Tierra gira alrededor del Sol, dice por fin Galileo.

¿Dónde está, pues, el límite entre el hecho bruto y el hecho científico? Al leer a Le Roy se creería que está entre el primero y el segundo escalón, ¿pero quién no ve que hay más distancia del segundo al tercero, y todavía más del tercero al cuarto?

Permítaseme citar dos ejemplos que quizá nos aclaren un poco.

Observo la desviación de un galvanómetro con ayuda

de un espejo móvil que proyecta una imagen luminosa o «spot» sobre una escala graduada. El hecho bruto es: «veo al «spot» correrse sobre la escala»; el hecho científico es: «pasa una corriente por el circuito».

Aun más, cuando realizo una experiencia debo hacer algunas correcciones en el resultado, porque sé que he debido cometer errores. Estos errores son de dos clases: unos son accidentales y los corregiré tomando el valor medio, otros son sistemáticos y no podré corregirlos más que por un estudio profundo de sus causas.

En tal caso, el primer resultado obtenido es el hecho bruto, mientras que el hecho científico es el resultado final con las correcciones efectuadas.

Reflexionando sobre este último ejemplo, somos inducidos a subdividir nuestro segundo escalón, y en lugar de decir:

2º El eclipse ha ocurrido a las nueve, diremos:

2º *a)* El eclipse ha ocurrido cuando mi reloj marcaba las nueve;

y 2º *b)* Como mi reloj atrasa diez minutos, el eclipse ha ocurrido a las nueve y diez.

Esto no es todo; también el primer escalón debe ser subdividido y no será menor la distancia entre esas dos subdivisiones. Entre la impresión de oscuridad que experimenta el testigo de un eclipse y la afirmación «está oscuro», que esa impresión le arranca, es necesario distinguir. En cierto modo, la primera es el único hecho bruto verdadero y la segunda es ya una especie de hecho científico.

He ahí, pues, que ahora nuestra escala tiene seis escalones y aunque no haya razón alguna para detenerse en esa cifra, nos mantendremos en ella.

Lo que primeramente me impresiona es esto. En el primero de nuestros seis escalones, el hecho, todavía completamente bruto, es individual, por decirlo así, y completamente distinto de todos los otros hechos posibles. Desde el segundo escalón ya no ocurre lo mismo. El enunciado del hecho podría convenir a una infinidad de otros hechos. Inmediatamente que interviene el lenguaje, no dispongo más que de un número finito de términos para expresar los infinitos matices que mis impresiones podrían revestir. Cuando digo «está oscuro», eso expresa bien las impresiones que experimento presenciando un eclipse, pero en la misma oscuridad se podría imaginar una multitud de matices y si, en lugar del que se ha realizado efectivamente, hubiera sido un matiz poco diferente el que se produjo, sin embargo, habría enunciado todavía este otro hecho diciendo «está oscuro».

Segunda observación: aun en el segundo escalón, el enunciado de un hecho no puede ser más que *verdadero o falso*. No ocurriría lo mismo con una proposición cualquiera; si esta proposición es el enunciado de una convención, no se puede decir que ese enunciado sea *verdadero*, en el sentido propio del vocablo, puesto que no podría ser verdadero a pesar mío y sólo es verdadero porque quiero que lo sea.

Por ejemplo, cuando enuncio que la unidad de longitud es el metro, enuncio una convención, y no es una comprobación que se me impone. Por otra parte, como creo haberlo demostrado, ocurre lo mismo cuando se trata del postulado de Euclides, por ejemplo.

Cuando se me pregunta si está oscuro, siempre sé si debo responder sí o no.

Aunque una infinidad de hechos posibles sean susceptibles de ese mismo enunciado: «está oscuro», siempre sabré si el hecho realizado está incluído o no entre aquellos que responden a ese enunciado. Los hechos están clasificados en categorías, y si se me pregunta si el hecho que compruebo entra o no en tal categoría, no vacilaré en dar mi respuesta.

Sin duda esta clasificación tiene bastante de arbitrario, para dejar a la libertad o al capricho del hombre una gran parte. En una palabra, esta clasificación es una convención. Una vez establecida, si se me pregunta «¿es verdadero tal hecho?», siempre sabré qué responder y mi respuesta me será impuesta por el testimonio de mis sentidos.

Luego, si durante un eclipse se pregunta: «¿está oscuro?», todos responderán que sí. Sin duda, responderían *no* aquellos que hablaran una lengua en la cual claro se dijera oscuro y oscuro, claro. Pero, ¿qué importancia puede tener eso?

Del mismo modo, en matemáticas, *cuando he establecido las definiciones y los postulados, que son convenciones*, un teorema no puede ser más que verdadero o falso. Pero para responder a esta pregunta: «es verdadero este teorema?», ya no es al testimonio de mis sentidos sino al razonamiento a quien tendré que recurrir.

El enunciado de un hecho es siempre verificable y, para la verificación, recurrimos al testimonio de nuestros sentidos, o bien al recuerdo de ese testimonio. Esto es propiamente lo que caracteriza un hecho. Si vosotros me planteáis la pregunta «¿es verdadero tal hecho?», comenzaré por pediros, si hay lugar, que preciséis las convenciones; en otros términos, os preguntaré qué lengua habéis hablado; luego, una vez resuelto este punto, interrogaré a mis sentidos y responderé sí o no. Pero serán mis sentidos quienes habrán dado la respuesta; no será porque *vosotros* me hayáis dicho: «Os hemos hablado en inglés o en francés».

¿Hay que cambiar algo de todo esto cuando pasamos a los escalones siguientes? Si cuando observo un galvanómetro, como decía hace un instante, pregunto a una visita que lo desconozca, si pasa la corriente, ella mirará el hilo para ver pasar algo por allí; pero si se plantea la misma cuestión a mi ayudante, que comprende mi lengua, sabrá que eso significa: se corre el «spot», y mirará sobre la escala.

¿Qué diferencia existe entonces entre el enunciado de un hecho bruto y el enunciado de un hecho científico? La misma que entre el enunciado de ese mismo hecho bruto en la lengua francesa y en la lengua alemana. El enunciado científico es la traducción del enunciado bruto a un lenguaje que se distingue sobre todo del alemán vulgar y del francés vulgar, porque es hablado por un número de personas mucho menor.

No vayamos con demasiada rapidez, sin embargo. Para medir una corriente, puedo emplear un número muy grande de tipos de galvanómetros, o aun un electrodinamómetro. Entonces, cuando digo que existe en ese circuito, una corriente de tantos amperios, querré decir que si adapto tal galvanómetro a ese circuito, veré al «spot» llegar a la división *a*, pero querrá decir igualmente que si adapto al mismo circuito tal electrodinamómetro, veré al «spot» llegar a la división *b*. Y aun querrá decir muchas otras cosas, pues la corriente puede manifestarse no solamente por efectos mecánicos sino también por efectos químicos, térmicos, luminosos, etc.

He ahí, por lo tanto, un mismo enunciado que conviene a un número muy grande de hechos absolutamente diferentes. ¿Por qué? Porque admito una ley según la cual todas las veces que tal efecto mecánico se produce, tal efecto químico se producirá, por su parte. Experiencias anteriores, muy numerosas, no me han mostrado jamás una falla en esta ley. Entonces me he dado cuenta de que podría expresar con el mismo enunciado dos hechos tan invariablemente unidos entre sí.

Cuando se me pregunte: «¿pasa la corriente?», podré comprender que eso quiere decir: «¿se producirá tal efecto mecánico?», pero también podré comprender: «¿se producirá tal efecto químico?». Verificaré entonces la existencia del efecto mecánico o la del efecto químico; eso será indiferente, puesto que tanto en un caso como en el otro, la respuesta debe ser la misma.

¿Y si un día se llegara a reconocer como falsa a la ley? ¿Si se advirtiera que la concordancia entre los dos efectos, mecánico y químico, no es constante? Ese día será necesario cambiar el lenguaje científico para hacer desaparecer de él una grave ambigüedad.

¿Y después? ¿Se cree acaso que está exento de ambigüedad el lenguaje ordinario, mediante el cual se expresan los hechos de la vida cotidiana?

¿Se concluirá de esto que los hechos de la vida cotidiana son obra de los gramáticos?

Vosotros me preguntáis: «¿Hay una corriente?»; yo investigo si existe el efecto mecánico, lo compruebo y respondo: «sí, hay una corriente». Comprendéis que eso quiere decir, a la vez, que existe el efecto mecánico y que, igualmente, existe el efecto químico, que no he investigado. Imaginemos ahora que la ley que creíamos verdadera no lo sea por imposible y, que el efecto químico no haya existido en ese caso. En esta hipótesis habrá dos hechos distintos, uno directamente observado, que es verdadero; el otro inferido, que es falso. En rigor, se podrá decir que al segundo nosotros lo habremos creado. De suerte que la parte de colaboración personal del hombre en la creación del hecho científico es el error.

Pero si podemos decir que el hecho en cuestión es

falso, ¿no es justamente porque no es una creación
libre y arbitraria de nuestro espíritu, una convención
disfrazada, en cuyo caso no sería ni verdadero ni falso?
En efecto, era verificable y yo no había hecho la verificación, pero hubiera podido hacerla. Si he dado una
respuesta falsa fué porque he querido responder con
demasiada rapidez, sin haber interrogado a la naturaleza, la única que sabía el secreto.

Cuando después de una experiencia, corrijo los errores accidentales y sistemáticos para despejar el hecho
científico, ocurre también lo mismo; el hecho científico no será jamás sino el hecho bruto traducido a otro
lenguaje. Cuando diga: «es tal hora», esa será una
manera abreviada de decir: «hay tal relación entre la
hora que marca mi reloj y la hora que marcaba en el
momento del pasaje de tal astro y tal otro astro por el
meridiano». Y una vez adoptada por todos esta convención de lenguaje, cuando se me pregunte: «es tal
hora», no dependerá de mí responder sí o no.

Pasemos al penúltimo escalón: el eclipse se produce
a la hora indicada por las tablas deducidas de las leyes
de Newton. Todavía es una convención de lenguaje,
perfectamente clara para aquellos que conozcan la mecánica celeste, o simplemente para aquellos que posean
las tablas calculadas por los astrónomos. Se me pregunta: «¿se produjo el eclipse a la hora indicada?».
Busco en «La Connaissance des Temps» (67), veo que el
eclipse estaba anunciado para las nueve y comprendo
que la pregunta quería decir: «¿Ha ocurrido el eclipse
a las nueve?» Allí todavía, no tenemos nada que cambiar en nuestras conclusiones. *El hecho científico no es
más que el hecho bruto traducido a un lenguaje cómodo.*

Es verdad que en el último escalón las cosas cambian. ¿Gira la Tierra? ¿Es ése un hecho verificable?
¿Podían Galileo y el Gran Inquisidor invocar el testimonio de sus sentidos para ponerse de acuerdo? Al
contrario, estaban de acuerdo sobre las apariencias y,
cualesquiera que hubieran sido las experiencias acu-
muladas, habrían permanecido de acuerdo con respecto
a las apariencias, sin concordar jamás sobre su interpretación. Por eso mismo se vieron obligados a recurrir
a procedimientos de discusión tan poco científicos.

(67) Publicación anual, editada por el «*Bureau des longitudes*»,
París.

Por ello estimo que no estaban en desacuerdo sobre un *hecho;* no tenemos el derecho de dar el mismo nombre a la rotación de la Tierra, que era el objeto de su discusión, y a los hechos brutos o científicos, que hemos pasado en revista hasta ahora.

De acuerdo con lo que precede, parece superfluo investigar si el hecho bruto está fuera de la ciencia, pues no se puede hablar ni de ciencia sin hecho científico ni de hecho científico sin hecho bruto, puesto que el primero no es más que la traducción del segundo.

Entonces, ¿se tiene el derecho de decir que el sabio crea el hecho científico? En primer lugar, no lo crea *ex nihilo* ([68]), puesto que lo hace con el hecho bruto. Por lo tanto, no lo hace libremente y *como quiere.* Por hábil que sea el obrero, su libertad está siempre limitada por las propiedades de la materia prima con que trabaja.

Después de todo, ¿qué queréis expresar cuando habláis de esa libre creación y cuando tomáis por ejemplo al astrónomo que interviene efectivamente en el fenómeno del eclipse, empleando su reloj? ¿Queréis saber si el eclipse se ha producido a las nueve? Si el astrónomo hubiese querido que ocurriera a las diez, esto no dependía más que de él, pues no tenía más que adelantar su reloj en una hora.

Pero haciendo esta broma de mal gusto, el astrónomo habría abusado evidentemente de un equívoco. Cuando me dice que el eclipse se ha producido a las nueve, entiendo que ésa es la hora deducida de la indicación bruta del reloj por la serie de convenciones en uso. Si sólo me ha dado esta indicación bruta o si ha hecho correcciones contrarias a las reglas habituales, ha cambiado sin prevenirme el lenguaje convenido. Por lo contrario, si ha tenido cuidado de prevenirme, no tengo que lamentarme, pero entonces siempre tengo el mismo hecho expresado en otro lenguaje.

En resumen, *todo lo que el sabio crea en un hecho, es el lenguaje en que lo enuncia.* Si predice un hecho, empleará ese lenguaje y, para todos los que sepan hablarlo y entenderlo, su predicción estará exenta de ambigüedad. Por otra parte, una vez hecha esa pre-

---

([68]) *Ex-nihilo, nihilo:* De la nada, nada se obtiene: célebre aforismo que resume la filosofía de Lucrecio y Epicuro, pero sacado de un verso de Persio (*Sátiras, III,* 24).

dicción, evidentemente no depende de él que se realice o no.

¿Qué queda, entonces, de la tesis de Le Roy? Queda esto: el sabio interviene activamente, eligiendo los hechos que merecen ser observados. Un hecho aislado no tiene interés por sí mismo; se considera uno si existe motivo para pensar que podrá ayudar a predecir otros, o bien si, habiendo sido predicho, su verificación es la confirmación de una ley. ¿Quién elegirá los hechos que, respondiendo a esas condiciones, merezcan el derecho de ciudadanía en la ciencia? La libre actividad del sabio.

Eso no es todo. He dicho que el hecho científico es la traducción. de un hecho bruto a un cierto lenguaje; habría debido agregar que todo hecho científico está formado por muchos hechos brutos. Los ejemplos citados más arriba lo muestran bastante bien. Por ejemplo, para la hora del eclipse, mi reloj señalaba la hora a en el momento del eclipse, la hora β en el momento del último pasaje por el meridiano de una cierta estrella que tomamos como origen de las ascensiones rectas; la hora γ en el momento del penúltimo pasaje de esa misma estrella. He ahí tres hechos distintos (aun se observará que cada uno de ellos es consecuencia de dos hechos brutos simultáneos, pero pasemos por sobre esta observación). En lugar de eso digo: «el eclipse ha ocurrido a la hora $24\dfrac{a-\beta}{\beta-\gamma}$», y los hechos se encuentran concentrados en un hecho científico único. He pensado que las tres lecturas a, β, γ, hechas en mi reloj en tres momentos distintos, carecían de interés y que lo único interesante era la combinación $\dfrac{a-\beta}{\beta-\gamma}$ de esas tres lecturas. En ese juicio se vuelve a encontrar la libre actividad de mi espíritu.

Pero así he agotado mi potencia; no puedo hacer que esa combinación $\dfrac{a-\beta}{\beta-\gamma}$ tenga tal valor y no tal otro, puesto que no puedo influir ni sobre el valor de a, ni sobre el de β ni sobre el de γ, que me son impuestos como hechos brutos.

En resumen, los hechos son hechos y *si ocurre que están de acuerdo con una predicción, no es por efecto de nuestra libre actividad.* No hay límite preciso entre el hecho bruto y el hecho científico; solamente se puede decir que tal enunciado de hecho es *más bruto* o, por lo contrario, *más científico* que tal otro.

4. *El «nominalismo» y el «invariante universal».*

Si de los hechos pasamos a las leyes, es evidente que la parte de la libre actividad del sabio se volverá mucho más grande. Pero aun así, ¿no la hace Le Roy demasiado grande? Eso es lo que vamos a examinar.

Recordemos primeramente los ejemplos que ha dado. Cuando digo que el fósforo funde a 44°, creo enunciar una ley y en realidad es la misma definición del fósforo; si se llegara a descubrir un cuerpo que, gozando por otra parte de todas las propiedades del fósforo, no fundiera a 44°, se le daría *otro* nombre, he ahí todo, y la ley permanecería verdadera.

Lo mismo, cuando digo que al caer libremente los cuerpos graves recorren espacios proporcionales a los cuadrados de los tiempos, no hago más que definir la caída libre. Todas las veces que no sea cumplida la condición, diré que la caída no es libre, de suerte que la ley nunca podrá incurrir en falta.

Naturalmente que si las leyes se redujeran a eso, no podrían servir para predecir; en consecuencia, no podrían servir para nada, ni como medio de conocimiento ni como principio de acción.

Cuando digo que el fósforo funde a 44°, con eso quiero expresar que todo cuerpo que goza de tal o cual propiedad (a saber de todas las propiedades del fósforo, salvo el punto de fusión) funde a 44°. Así entendida, mi proposición es efectivamente una ley, y esta ley podría serme útil, pues si encuentro un cuerpo que goce de todas esas propiedades, podré predecir que fundirá a 44°.

Se podrá descubrir, sin duda, que la ley es falsa. En tal caso se leerá en los tratados de química: «existen dos cuerpos que durante mucho tiempo los químicos han confundido con el nombre de fósforo; esos dos cuerpos sólo difieren por su punto de fusión. Evidentemente ésa no será la primera vez que los químicos llegaran a separar dos cuerpos que no habían sabido distinguir primeramente, como por ejemplo el neodimio y el praseodimio, mucho tiempo confundidos con el nombre de didimio ([69]).

No creo que los químicos teman mucho que semejante desgracia ocurra jamás al fósforo. Y si ocurriera, por imposible que sea, probablemente los dos cuerpos no tendrían *idénticamente* la misma densidad, *idénticamente* el mismo calor específico, etc., de suerte que, después de haber determinado con cuidado la densidad, por ejemplo, se podrá todavía prever el punto de fusión.

Por otra parte, poco importa; basta observar que haya una ley y que esta ley, verdadera o falsa, no se reduzca a una tautología.

¿Se dirá que si no conocemos sobre la Tierra un cuerpo que, teniendo todas las demás propiedades del fósforo, no funde a 44°, no podemos saber si existe sobre otros planetas? Sin duda, esto puede sostenerse, y se concluiría entonces que la ley en cuestión, que puede servirnos de norma de acción a nosotros, habitantes de la Tierra, no tiene, sin embargo, ningún valor general desde el punto de vista del conocimiento, y sólo debe su interés al azar que nos ha colocado sobre este globo. Esto es posible, pero si fuera así, la ley no tendría valor, no porque se reduciría a una convención, sino porque sería falsa.

Análogamente en lo que concierne a la caída de los cuerpos. No me serviría de nada haber dado el nombre de caída libre a las caídas que se producen conforme a la ley de Galileo, si *no* supiera por otra parte que, en tales circunstancias, la caída será *probablemente* libre o *poco más o menos libre*. Entonces, ésa es una ley que puede ser verdadera o falsa, pero que ya no se reduce a una convención.

Supongamos que los astrónomos acaban de descubrir que los astros no obedecen exactamente a la ley Newton. Tendrán que elegir entre dos actitudes: podrán decir que la gravitación no varía exactamente en razón inversa del cuadrado de las distancias, o bien que no es la única fuerza que actúa sobre los astros, y que viene a agregarse a ella una fuerza de naturaleza diferente.

En este segundo caso, se considerará a la ley de Newton como la definición de la gravitación. Ésa será

([69]) Según Auer von Welbach, el didimio se puede descomponer en los dos nuevos elementos; otros autores indican hasta nueve elementos diferentes.

la actitud nominalista. La elección entre las dos actitudes permanece libre y se hace por consideraciones de comodidad, aunque estas consideraciones sean muy a menudo tan potentes que, prácticamente, queda poco de esa libertad.

Podemos descomponer esta proposición: (1) «los astros siguen la ley de Newton», en otras dos: (2) «la gravitación sigue la ley de Newton» y (3) «la gravitación es la única fuerza que actúa sobre los astros». En ese caso la proposición (2) no es más que una definición y escapa a la comprobación de la experiencia, pero entonces se podrá hacer esa comprobación sobre la proposición (3). Ella es muy necesaria, puesto que la proposición resultante (1) predice hechos brutos verificables.

Gracias a estos artificios, por un nominalismo inconsciente, los sabios han levantado por encima de las leyes, lo que ellos llaman principios. Cuando una ley ha recibido una comprobación suficiente de la experiencia, se pueden adoptar dos actitudes. Podemos dejar esa ley en discusión; quedará sometida entonces a una incesante revisión que, sin duda alguna, acabará por demostrar que no es más que aproximada. O bien, se puede erigirla en *principio*, adoptando convenciones tales que la proposición sea ciertamente verdadera. Para eso se procede siempre del mismo modo. La ley primitiva enuncia una relación entre dos hechos brutos *A* y *B*; se introduce entre ellos un intermediario abstracto *C*, más o menos ficticio (tal era, en el ejemplo precedente, la entidad impalpable de la gravitación). Y entonces, tenemos una relación entre *A* y *C* que podemos suponer rigurosa y que constituye el *principio*, y otra entre *C* y *B*, que queda como una *ley revisable*.

El principio, en lo sucesivo cristalizado, por decirlo así, ya no está sometido a la comprobación experimental. No es ni verdadero ni falso; es cómodo.

A menudo se han encontrado grandes ventajas procediendo de esta manera, pero es claro que si *todas* las leyes hubieran sido transformadas en principios, no había quedado *nada* de la ciencia. Toda ley puede descomponerse en un principio y una ley; pero por eso es bien claro que siempre quedarán leyes, por lejos que se lleve esta descomposición.

Por lo tanto, el nominalismo tiene límites y esto es

lo que podría desconocerse, si se tomaran literalmente las aserciones de Le Roy.

Una rápida revista de las ciencias nos hará comprender mejor cuáles son esos límites. La actitud nominalista no está justificada más que cuando es cómoda, pero ¿cuándo lo es?

La experiencia nos hace conocer relaciones entre los cuerpos; ése es el hecho bruto, pero esas relaciones son extremadamente complicadas. En lugar de examinar directamente la relación del cuerpo A y el cuerpo B, introducimos entre ellos un intermediario que es el espacio y consideramos tres relaciones distintas: la del cuerpo A con la figura A' y el cuerpo B con la figura B' del espacio; la de las dos figuras A' y B' entre sí. ¿Por qué es ventajoso ese rodeo? Porque la relación de A y B era muy complicada, pero difería poco de la de A' y B' que es simple, de suerte que esa relación complicada puede ser reemplazada por la relación simple entre A' y B' y por otras dos relaciones que nos hacen conocer las diferencias entre A y A', por una parte, y entre B y B', por otra, son *muy pequeñas*. Por ejemplo, si A y B son dos cuerpos sólidos naturales que se mueven deformándose ligeramente, consideraremos dos figuras móviles *invariables* A' y B'. Las leyes de los movimientos relativos de esas figuras A' y B' serán muy simples; serán las de la geometría. Y después agregaremos que el cuerpo A, que siempre difiere muy poco de A', se dilata por efecto del calor y se flexiona por efecto de la elasticidad. Justamente, porque estas dilataciones y flexiones son muy pequeñas, su estudio será relativamente fácil para nuestra mente. ¿Se imagina uno a qué complicaciones de lenguaje habría sido preciso resignarse, si se hubiera querido incluir en un mismo enunciado el movimiento del sólido, su dilatación y su flexión?

La relación entre A y B era una ley bruta, y se ha descompuesto. Ahora tenemos dos leyes que expresan las relaciones entre A y A' y entre B y B', y un principio que expresa la relación entre A' y B'. Al conjunto de esos principios se le llama geometría.

Aun haré dos observaciones. Tenemos una relación entre dos cuerpos A y B que hemos reemplazado por una relación entre dos figuras A' y B', pero esta misma relación entre las mismas dos figuras A' y B', también habría podido reemplazar totalmente con ventaja a una relación entre otros dos cuerpos A'' y B'', enteramente diferentes de A y B. Y eso de muchas maneras. Si no se hubieran inventado los principios y la geometría, después de haber estudiado la relación de A y B, sería menester recomenzar _ab ovo_ ([70]) el estudio de la relación de A'' con B''. Por eso la geometría es tan valiosa. Una relación geométrica puede reemplazar ventajosamente a una relación que, considerada en estado bruto, debería ser estimada como mecánica; puede reemplazar a otra que debería ser estimada como óptica, etc.

Y entonces que no se vuelva a decir: «pero esta es la prueba de que la geometría es una ciencia experimental; separando sus principios de las leyes de donde se los ha extraído, la separáis artificialmente de las ciencias que le han dado nacimiento». Igualmente las otras ciencias tienen principios y eso no impide que se las deba llamar experimentales.

Hace falta reconocer que habría sido difícil no hacer esta separación que se pretende artificial. Se sabe el papel que ha representado la cinemática de los cuerpos sólidos en la génesis de la geometría. ¿Se debería decir entonces que la geometría no es más que una rama de la cinemática experimental? Pero las leyes de la propagación rectilínea de la luz también han contribuído a la formación de sus principios. ¿Será menester que la geometría sea considerada a la vez como una rama de la cinemática y como una rama de la óptica? Recuerdo además que nuestro espacio euclidiano, que es el objeto propio de la geometría, ha sido elegido por razones de comodidad entre un cierto número de modelos que preexisten en nuestro espíritu y que se llaman grupos.

Si pasamos a la mecánica, vemos todavía grandes principios cuyo origen es análogo, y como su «radio de acción», por decirlo así, es menos grande, ya no se tiene razón para separarlos de la mecánica propiamente dicha y considerar a esta ciencia como deductiva.

En física, por fin, el papel de los principios está todavía más disminuído. En efecto, no se los introduce sino cuando se obtienen ventajas con ello. Ahora bien,

---

([70]) _Ab ovo:_ (a partir del huevo). Locución latina tomada de Horacio. (Arte poética, 147) ; alusión al «huevo de Leda», de donde había salido Helena.

sólo son ventajosos por ser poco numerosos, porque cada uno de ellos reemplaza aproximadamente a un gran número de leyes. No se tiene interés, pues, en multiplicarlos. Por otra parte es menester concluir, y para eso es muy necesario abandonar la abstracción para tomar contacto con la realidad.

He ahí los límites del nominalismo; ellos son estrechos.

No obstante, Le Roy ha insistido y ha planteado la cuestión bajo otra forma.

Puesto que el enunciado de nuestras leyes puede variar con las convenciones que adoptemos, y que esas convenciones pueden modificar aún las relaciones naturales de esas leyes, ¿hay en el conjunto de esas leyes algo que sea independiente de esas convenciones y que pueda, por decirlo así, representar el papel de *invariante universal?* Por ejemplo, se ha introducido la ficción de seres que, habiéndose educado en un mundo diferente del nuestro, habrían sido inducidos a crear una geometría no euclidiana. Si después hubieran sido bruscamente transportados a nuestro propio mundo, observarían las mismas leyes que nosotros, pero las enunciarían de una manera totalmente diferente. Con seguridad, habría todavía algo de común entre los dos enunciados, pero es porque esos seres no difieren aún bastante de nosotros. Se pueden imaginar seres más extraños todavía, y la parte común entre los dos sistemas de enunciados se reducirá cada vez más. ¿Se reducirá así, tendiendo hacia cero, o bien quedará un residuo irreductible que sería entonces el invariante universal buscado?

La cuestión exige ser precisada. ¿Se quiere que esta parte común de los enunciados sea expresable por palabras? En tal caso es claro que no hay palabras comunes a todas las lenguas y no podemos tener la pretensión de construir no sé qué invariante universal que sería comprendido a la vez por nosotros y por los geómetras no euclidianos ficticios de que acabo de hablar; como tampoco no podemos construir una frase que sea comprendida a la vez por los alemanes que no saben francés y los franceses que no saben alemán. Pero tenemos reglas fijas que nos permiten traducir los enunciados franceses al alemán, y recíprocamente. Para eso se han hecho gramáticas y diccionarios. Hay también reglas fijas para traducir el lenguaje euclidiano al lenguaje no euclidiano, o se las podría hacer si no las hubiera.

Y aunque no hubiera intérprete ni diccionario, si los alemanes y los franceses, después de haber vivido siglos en mundos separados, se hallaran de repente en contacto, ¿se creerá que no habría nada de común entre la ciencia de los libros alemanes y la de los libros franceses? Los franceses y los alemanes terminarían seguramente entendiéndose, como los indios de América han acabado por comprender la lengua de sus vencedores, después de la llegada de los españoles.

Pero sin duda se dirá que los franceses serían capaces de comprender a los alemanes, aun sin haber aprendido el alemán; así es, porque entre los franceses y los alemanes queda algo de común, puesto que unos y otros son hombres. Uno llegaría a entenderse aún con nuestros hipotéticos no euclidianos, aunque ya no sean hombres, porque todavía conservarían algo de humano. Pero en todo caso un mínimo de humanidad es necesario.

Eso es posible, pero en primer término observaré que ese poco de humanidad que quedaría entre los no euclidianos, bastaría, no sólo para que se pudiera traducir un poco de su lenguaje, sino para que se pudiera traducir todo.

Ahora, lo que concedo es que falte un mínimo; supongamos que exista no sé qué flúido que penetre entre las moléculas de nuestra propia materia, sin tener acción alguna sobre ella y sin sufrir acción alguna que de ella no provenga. Supongamos que los seres sean sensibles a la influencia de ese flúido e insensibles a la de nuestra materia. Es claro que la ciencia de esos seres diferiría absolutamente de la nuestra y sería superfluo buscar un «invariante» común a esas dos ciencias. Mas aun, si esos seres rechazaran nuestra lógica y no admitieran, por ejemplo, el principio de contradicción.

Pero verdaderamente creo que no tiene interés examinar semejantes hipótesis.

Y entonces, si no llevamos tan lejos la rareza, si no introducimos más que seres ficticios que tengan sentidos análogos a los nuestros y sensibles a las mismas impresiones y que, por otra parte, admitan los principios de nuestra lógica, podremos concluir entonces que su lenguaje, por diferente que pueda ser del nuestro, siempre será susceptible de ser traducido.

Ahora bien, la posibilidad de la traducción implica la existencia de un invariante. Traducir es, precisamente, despejar ese invariante. Así, descifrar un documento criptográfico, significa buscar lo que permanece invariable en ese documento, cuando se permutan sus letras.

¿Cuál es entonces la naturaleza de ese invariante? Es fácil darse cuenta de ello, y una palabra nos bastará. Las leyes invariables son las relaciones entre los hechos brutos, mientras que las relaciones entre los «hechos científicos» permanecen siempre dependientes de ciertas sensaciones.

Capítulo XI

La ciencia y la realidad

5. — *Contingencia y determinismo.*

No tengo la intención de tratar aquí la cuestión de la contingencia de las leyes de la naturaleza, que evidentemente es insoluble, y sobre la cual ya se ha escrito tanto.

Sólo quería hacer observar cuántos sentidos diferentes se ha dado a esa palabra contingencia y cuán útil sería distinguirlos.

Si examinamos una ley particular cualquiera, podemos estar seguros de antemano que no puede ser sino aproximada. En efecto, es deducida de verificaciones experimentales y esas verificaciones no eran y no podían ser sino aproximadas. Siempre se debe esperar que medidas más precisas nos obliguen a agregar nuevos términos a nuestras fórmulas; es lo que ha ocurrido, por ejemplo, con la ley de Mariotte.

Además, el enunciado de una ley cualquiera es forzosamente incompleto. Este enunciado debería comprender la enumeración de *todos* los antecedentes en virtud de los cuales un consecuente dado podrá producirse. Debería describir primero *todas* las condiciones de la experiencia por hacer y la ley se enunciaría así:

«si todas las condiciones son cumplidas, tal fenómeno se producirá».

Pero no se estará seguro de no haber olvidado *ninguna* de esas condiciones, sino cuando se haya descrito completamente el estado del universo en el instante t; en efecto, todas las partes de ese universo pueden ejercer una influencia más o menos grande sobre el fenómeno que debe producirse en el instante $t + dt$.

Ahora bien, es claro que una descripción semejante no podría hallarse en el enunciado de la ley. Por otra parte, si así fuera, la ley se volvería inaplicable; si se exigieran a la vez tantas condiciones, habría muy poca probabilidad de que en algún momento fuesen realizadas todas.

Entonces, como nunca se estará seguro de no haber olvidado alguna condición esencial, no se podrá decir: «si tales y cuales condiciones son realizadas, tal fenómeno se producirá»; solamente se podrá decir: «si tales y cuales condiciones son realizadas, es probable que tal fenómeno se producirá aproximadamente».

Consideremos la ley de gravitación que es la menos imperfecta de todas las leyes conocidas. Ella nos permite prever los movimientos de los planetas. Cuando, por ejemplo, me sirvo de ella para calcular la órbita de Saturno, desprecio la acción de las estrellas, y actuando así estoy seguro de no engañarme, pues sé que esas estrellas están demasiado alejadas para que su acción sea sensible.

Entonces anuncio con una cuasi certeza que las coordenadas de Saturno a tal hora estarán comprendidas entre tales y cuales. Sin embargo, ¿es absoluta esta certeza?

¿No podría existir en el universo alguna masa gigantesca mucho más grande que la de todos los astros conocidos y cuya acción pudiera hacerse sentir a grandes distancias? Esa masa estaría animada de una velocidad colosal y después de haber circulado siempre a tales distancias que su influencia ha permanecido hasta ahora insensible para nosotros, vendría de repente a pasar cerca de nosotros. Infaliblemente produciría en nuestro sistema solar perturbaciones enormes que no habríamos podido prever. Todo lo que se puede decir es que una eventualidad semejante es totalmente inverosímil, y entonces en vez de expresar: «Saturno estará cerca de tal punto del cielo», deberemos limitarnos a decir: «Saturno estará probablemente cerca de tal punto del cielo». Aunque esta probabilidad sea prácticamente equivalente a la certeza, no es más que una probabilidad.

Por esas razones, toda ley particular será siempre sólo aproximada y probable. Los sabios nunca han desconocido esa verdad; creen solamente, con razón o sin ella, que toda ley podrá ser reemplazada por otra más aproximada y más probable, que esta ley nueva no será sino provisional, pero que el mismo movimiento podrá continuar indefinidamente, de suerte que al progresar la ciencia poseerá leyes cada vez más probables, que la aproximación acabará por diferir tan poco como se quiera de la exactitud y la probabilidad de la certeza.

Si los sabios que piensan así tuvieran razón, ¿todavía se debería decir que *las* leyes de la naturaleza son contingentes, aunque *cada* ley, tomada en particular, pueda ser calificada de contingente?

¿O bien, antes de concluir la contingencia *de las* leyes naturales, se deberá exigir que ese progreso tenga un término, que el sabio acabe un día por ser detenido en su búsqueda de una aproximación cada vez más grande y que más allá de un cierto límite no encuentre en la naturaleza sino el capricho?

En la concepción que acabo de citar (y que llamaré la concepción científica), toda ley no es más que un enunciado imperfecto y provisional; pero ella debe ser reemplazada un día por otra ley superior, de la que no es más que una imagen grosera. No queda, pues, lugar para la intervención de una voluntad libre.

Me parece que la teoría cinética de los gases nos suministra un ejemplo sorprendente.

Se sabe que en esta teoría se explican todas las propiedades de los gases por una hipótesis simple; se supone que todas las moléculas gaseosas se mueven en todas direcciones con grandes velocidades, y que siguen trayectorias rectilíneas que no son perturbadas, sino cuando una molécula pasa muy cerca de las paredes del recipiente o de otra molécula. Los efectos que nuestros groseros sentidos nos permiten observar, son los efectos promedios, y en esos promedios las grandes desviaciones se compensan o, por lo menos, es improbable que no se compensen, de manera que los fenómenos

observados siguen leyes simples, tales como la de Mariotte o la de Gay Lussac. Pero esta compensación de
las desviaciones no es más que probable. Las moléculas
cambian incesantemente de lugar, y en esos movimientos continuos las figuras que forman pasan sucesivamente por todas las combinaciones posibles. Sólo que
esas combinaciones son muy numerosas; casi todas
están de acuerdo con la ley de Mariotte y solamente
algunas se apartan de ella. Esas también se realizarán;
únicamente sería menester esperar mucho tiempo; si
se observara un gas durante un tiempo bastante largo,
se acabaría ciertamente por verlo apartarse de la ley
de Mariotte, por un instante. ¿Cuánto tiempo sería
menester esperar? Si se quisiera calcular el número
probable de años se hallaría que ese número es tan
grande que sólo para escribir el número de sus cifras
sería necesaria una decena de ellas. Poco importa, pues
nos basta que sea finito.

No quiero discutir el valor de esta teoría. Es evidente que si se la adopta, la ley de Mariotte no se nos aparecerá sino como contingente, puesto que llegará un
día en que ya no será verdadera. Y sin embargo, ¿se
creerá que los partidarios de la teoría cinética sean
adversarios del determinismo? Lejos de eso, son los
más intransigentes de los mecanicistas. Sus moléculas
siguen trayectorias rígidas, de las que no se apartan
más que por la influencia de fuerzas que varían con
la distancia, según una ley perfectamente determina-
da. No queda en su sistema el menor lugar ni para
la libertad ni para un factor evolutivo propiamente
dicho, ni para no importa qué que se pueda llamar contingencia. Para evitar una confusión, agrego que allí no
hay tampoco una evolución de la misma ley de Mariotte; ella deja de ser verdadera después de no sé
cuántos siglos, pero al cabo de una fracción de segundo
vuelve a ser verdadera y esto por un número incalcu-
lable de años.

Y ya que he pronunciado esa palabra evolución, disi-
pemos todavía un equívoco. Se dice a menudo: «¿quién
sabe si las leyes no evolucionan y si no se descubrirá
un día que no eran en la época carbonífera lo que son
hoy?» ¿Qué entendemos con eso? Lo que creemos saber
del estado pretérito de nuestro globo, lo deducimos de
su estado presente. Y mediante esas leyes que se supo-

nen conocidas es como se hace esta deducción. Siendo la ley una relación entre el antecedente y el consecuente, nos permite igualmente deducir el consecuente del antecedente, es decir, prever el porvenir, y deducir el antecedente del consecuente, es decir, concluir el pasado del presente. El astrónomo que conoce la situación actual de los astros puede deducir, por la ley de Newton, su situación futura y lo hace cuando construye efemérides e igualmente puede deducir su situación pasada. Los cálculos que así podrá hacer, no podrán enseñarle que la ley de Newton dejará de ser verdadera en el futuro, puesto que esta ley es precisamente su punto de partida; no podrán enseñarle tampoco que no era verdadera en el pasado. Aun en lo que concierne al porvenir, sus efemérides podrán ser verificadas un día y quizás nuestros descendientes reconozcan que eran falsas. Pero en lo que concierne al pasado, el pasado geológico que no ha tenido testigos, los resultados de su cálculo, como los de todas las especulaciones por las que tratamos de deducir el pasado del presente, escapan por su misma naturaleza a toda clase de comprobación. De manera que si las leyes de la naturaleza no eran las mismas en el período carbonífero que en la época actual, no podremos saberlo nunca, ya que no podemos saber de ese período nada más que lo que deducimos de la hipótesis de la permanencia de esas leyes.

Acaso se dirá que esta hipótesis podría conducir a resultados contradictorios y que se estará obligado a abandonarla. Así, en lo que concierne al origen de la vida, se puede concluir que siempre ha habido seres vivientes, puesto que el mundo actual nos muestra siempre a la vida saliendo de la vida; y también se puede concluir que no los ha habido siempre, puesto que la aplicación de las leyes actuales de la física en el estado presente de nuestro globo, nos enseña que ha habido un tiempo en que este globo estaba tan caliente que allí la vida era imposible. Pero las contradicciones de este género siempre pueden eliminarse de dos maneras: se puede suponer que las leyes actuales de la naturaleza no son exactamente las que hemos admitido, o bien se puede suponer que las leyes de la naturaleza son actualmente las que hemos admitido, pero que no ha sido siempre así.

Es claro que las leyes actuales no serán jamás suficientemente bien conocidas como para que no se pueda adoptar la primera de esas dos soluciones y se esté constreñido a deducir la evolución de las leyes naturales.

Por otra parte, supongamos una evolución semejante; admitamos, si se quiere, que la humanidad dure bastante para que esa evolución pueda tener testigos. El mismo antecedente producirá, por ejemplo, consecuentes diferentes en la época carbonífera y en la época cuaternaria. Evidentemente, eso quiere decir que los antecedentes son casi semejantes; si todas las circunstancias fueran idénticas, sería imposible distinguir la época carbonífera de la cuaternaria. Es claro que no es eso lo que se supone. Lo que queda es que tal antecedente, acompañado de tal circunstancia accesoria, produce tal consecuente, y que el mismo antecedente acompañado de tal otra circunstancia accesoria produce tal otro consecuente. El tiempo no importa en el asunto.

La ley, tal como la ciencia mal informada la habría enunciado, que hubiera afirmado que este antecedente siempre produce ese consecuente, sin tener en cuenta las circunstancias accesorias, no sería sino aproximada y probable; debe ser reemplazada por otra ley más aproximada y más probable, que haga intervenir a esas circunstancias accesorias. Siempre recaemos, pues, en el mismo proceso que hemos analizado más arriba, y si la humanidad llegara a descubrir algo en el orden considerado, no diría que las leyes han evolucionado, sino que las circunstancias se han modificado.

He ahí, pues, muchos de los diferentes sentidos del vocablo *contingencia*. Le Roy los retiene todos y no los distingue suficientemente, pero introduce uno nuevo. Las leyes experimentales no son más que aproximadas y si algunas nos aparecen como exactas, es porque las hemos transformado artificialmente en lo que más arriba he llamado un principio. Esa transformación la hemos hecho libremente, y como el capricho que nos ha determinado a hacerla es algo eminentemente contingente, hemos comunicado esta contingencia a la ley misma. En este sentido tenemos el derecho de decir que el determinismo supone la libertad, puesto que libremente nos volvemos deterministas. Quizás se hallará que eso significa dar un lugar muy grande al determinismo y que la introducción de ese nuevo sentido del

vocablo contingencia, no ayudará mucho a resolver todas
esas cuestiones que se plantean naturalmente y de las
cuales acabamos de decir algunas palabras.

No quiero, de ningún modo, investigar aquí los fundamentos del principio de inducción; sé demasiado bien
que no lo lograría. Ese principio es tan difícil de justificar, como de pasarse sin él. Quiero solamente mostrar cómo los sabios lo aplican y están obligados a
aplicarlo.

Cuando el mismo antecedente se reproduce, el mismo
consecuente debe igualmente reproducirse; tal es el
enunciado ordinario. Pero reducido a esos términos no
podría servir para nada. Para que se pueda decir que
el mismo antecedente se ha reproducido, sería menester que *todas* las circunstancias se hayan reproducido,
puesto que ninguna es absolutamente indiferente, y que
se hayan reproducido *exactamente*. Y como eso no ocurrirá jamás, el principio no podrá recibir ninguna aplicación.

Debemos modificar entonces el resultado y decir:
«si un antecedente *A* produce una vez un consecuente *B*,
un antecedente *A'*, poco diferente de *A*, producirá un
consecuente *B'*, poco diferente de *B*». Pero, ¿cómo reconoceremos que los antecedentes *A* y *A'* son «poco diferentes»? Si alguna de las circunstancias puede ex-
presarse por un número y siempre que ese número tenga, en los dos casos, valores muy próximos, el sentido
de la expresión «poco diferente» es bien claro; el principio significa entonces que el consecuente es una función continua del antecedente. Y como regla práctica,
llegamos a la conclusión de que se tiene el derecho de
interpolar. En efecto, esto es lo que los sabios hacen
todos los días; sin la interpolación toda ciencia sería
imposible.

No obstante, observamos una cosa. La ley buscada
puede representarse por una curva. La experiencia nos
ha hecho conocer ciertos puntos de dicha curva. En
virtud del principio que acabamos de enunciar, creemos que esos puntos pueden ser unidos mediante un
trazo continuo, que dibujamos a ojo. Nuevas experiencias nos suministrarán nuevos puntos de la curva. Si
estos puntos están fuera del trazo dibujado de antemano, tendremos que modificar nuestra curva, pero no
abandonar el principio. Por puntos cualesquiera, tan

numerosos como sean, siempre se puede hacer pasar una curva continua. Sin duda, si esta curva es demasiado caprichosa, nos molestará (y aun supondremos errores en la experiencia), pero el principio no será directamente sorprendido en falta.

Además, entre las circunstancias de un fenómeno existen las que estimamos como despreciables; consideraremos a *A* y *A'* como poco diferentes, si no difieren *más que por esas circunstancias accesorias*. Por ejemplo, he comprobado que el hidrógeno se unía al oxígeno bajo la influencia de la chispa y estoy seguro de que esos dos gases se unirán de nuevo, aunque la longitud de Júpiter haya cambiado considerablemente en el intervalo. Así admitimos que el estado de los cuerpos alejados no puede tener influencia sensible sobre los fenómenos terrestres y esto *parece en efecto imponerse*, pero hay casos en que la elección de esas circunstancias, prácticamente indiferentes, tiene mucho de arbitrario o, si se quiere, exige mucha perspicacia.

Todavía una observación: el principio de inducción sería inaplicable si no existiera en la naturaleza una gran cantidad de cuerpos semejantes entre sí, o casi semejantes, y si no se pudiera sacar, por ejemplo, un pedazo de fósforo de otro pedazo de fósforo.

Si reflexionamos sobre estas consideraciones, el problema del determinismo y de la contingencia se nos aparecerá bajo un nuevo aspecto.

Supongamos que pudiéramos abrazar la serie de todos los fenómenos del universo en toda la sucesión de los tiempos. Podríamos examinar lo que pudiéramos llamar las «secuencias», quiero decir las relaciones entre antecedente y consecuente. No quiero hablar de relaciones constantes o de leyes; examino separadamente (individualmente, por decirlo así) las diversas «secuencias» realizadas.

Reconoceríamos entonces que entre estas «secuencias» no hay dos que sean completamente iguales. Pero si el principio de inducción, tal como lo acabamos de enunciar, es verdadero, las habrá que serán casi iguales y que se podrán clasificar unas al lado de otras. En otros términos, es posible hacer una clasificación de las «secuencias».

Al fin de cuentas, *a la posibilidad y a la legitimidad* de una clasificación semejante se reduce el determinismo. Eso es todo lo que deja subsistir el análisis precedente. Quizás bajo esta forma modesta parecerá menos espantoso al moralista.

Se dirá, sin duda, que equivale a volver por un rodeo a la tesis de Le Roy, que hace un instante parecíamos rechazar: libremente se es determinista. Y, en efecto, toda clasificación supone la participación activa del clasificador. Convengo en ello; eso puede sostenerse, pero me parece que este rodeo no habrá resultado inútil y habrá contribuído a iluminarnos un poco.

6. — *Objetividad de la ciencia.*

Llego a la cuestión planteada por el título de este artículo: ¿cuál es el valor objetivo de la ciencia? Y, en primer término, ¿qué debemos entender por objetividad?

Lo que nos garantiza la objetividad del mundo en que vivimos es que ese mundo nos es común con otros seres pensantes. Por el contacto que tenemos con los otros hombres, recibimos de ellos razonamientos totalmente hechos; sabemos que esos razonamientos no son nuestros y, al mismo tiempo, reconocemos allí la obra de seres racionales como nosotros. Y como esos razonamientos parecen aplicarse al mundo de nuestras sensaciones, creemos poder concluir que esos seres racionales han visto lo mismo que nosotros; así sabemos que no hemos tenido un sueño.

Tal es, pues, la primera condición de la objetividad: lo que es objetivo debe ser común a muchos espíritus y, por consiguiente, se debe poder transmitir de uno a otro, pero como esta transmisión no se puede hacer sino por ese «discurso» que inspira tanta desconfianza a Le Roy, estamos obligados a concluir: nada de discursos, nada de objetividad.

Las sensaciones de otra persona serán un mundo eternamente cerrado para nosotros. No tenemos ningún medio para verificar que la sensación que llamo roja, sea igual a la que mi vecino llama roja.

Supongamos que una cereza y una amapola producen en mí la sensación A y en él la sensación B, y que, al contrario, una hoja produzca en mí la sensación B y en él la sensación A. Evidentemente no sabremos nunca nada de eso, puesto que llamaré roja a la sensación A

y verde a la sensación *B*, mientras que él llamará verde
a la primera y roja a la segunda. En cambio, podremos
comprobar que, tanto para él como para mí, la cereza y
la amapola producen la misma sensación, puesto que él
da el mismo nombre a las sensaciones que experimenta,
y yo hago lo mismo.

Las sensaciones son, pues, intransmisibles o, más
bien, todo lo que en ellas es cualidad pura es intransmi-
sible y, para siempre, impenetrable.

Desde este punto de vista, todo lo que es objetivo está
desprovisto de toda cualidad y no es más que relación
pura. No llegaré a decir, seguramente, que la objetividad no sea más que cantidad pura (eso sería particu-
larizar demasiado la naturaleza de las relaciones de
que se trata), pero se comprende que yo no sé más que
quien ha sido inducido a decir que el mundo no es
más que una ecuación diferencial.

Al mismo tiempo que hacemos las reservas sobre esta
proposición paradojal, debemos admitir, sin embargo,
que nada que no sea transmisible es objetivo y que, en
consecuencia, sólo las relaciones entre las sensaciones
pueden tener un valor objetivo.

Se dirá, acaso, que la emoción estética, común a todos
los hombres, es la prueba de que las cualidades de
nuestras sensaciones son también las mismas para todos
los hombres y que por eso son objetivas. Pero si se
reflexiona, se verá que la prueba no está dada; lo que
está probado es que esta nueva emoción es provocada,
tanto en Juan como en Pedro, por las sensaciones a las
cuales Juan y Pedro dan el mismo nombre, o por las
combinaciones correspondientes de esas sensaciones;
sea porque esta emoción esté asociada en Juan a la
sensación *A*, que Juan llama roja, mientras que paralelamente está asociada en Pedro a la sensación *B* que
Pedro llama roja; o mejor, porque esa emoción es pro-
vocada, no por las cualidades mismas de las sensaciones,
sino por la armoniosa combinación de sus relaciones, de
las que experimentamos la impresión inconsciente.

Tal sensación es bella, no porque posea tal cualidad
sino porque ocupa tal lugar en el curso de nuestras
asociaciones de ideas, de manera que no se la puede
excitar sin poner en movimiento al «receptor» que
está en el otro extremo del hilo y que corresponde a la
emoción artística.

Que uno se coloque en el punto de vista moral, estético o científico, es siempre lo mismo. No es objetivo
nada más que lo idéntico para todos; ahora bien, no se
puede hablar de una identidad semejante más que si
una comparación es posible y puede ser convertida en
una «moneda de canje» que pueda transmitirse de un
espíritu a otro. No tendrá, pues, valor objetivo, nada
más que lo que sea transmisible por el «discurso», es
decir, lo inteligible.

Pero eso no es más que una parte de la cuestión. Un
conjunto absolutamente desordenado no podría tener
valor objetivo, puesto que sería ininteligible, pero un
conjunto ordenado puede no tener tampoco ninguno, si
no corresponde a sensaciones efectivamente experimentadas. Me parece superfluo recordar esta condición
y no habría pensado en ella si no se hubiera sostenido
últimamente que la física no es una ciencia experimental. Aunque esta opinión no tenga probabilidad alguna
de ser adoptada ni por los físicos ni por los filósofos,
es bueno estar advertido, a fin de no dejarse deslizar
por la pendiente que llevaría a ella. Luego se tienen dos
condiciones para cumplir y si la primera separa la realidad (*) del sueño, la segunda la distingue de la
novela.

Mientras tanto, ¿qué es la ciencia? Lo he explicado
en el párrafo precedente; es, en primer lugar, una clasificación, un modo de relacionar hechos que las apariencias separan, aunque estén ligados por algún parentesco natural y oculto. En otros términos, la ciencia
es un sistema de relaciones. Ahora bien, acabamos de
decirlo, solamente en las relaciones debe ser buscada
la objetividad; sería en vano buscarla en los seres considerados como aislados unos de otros.

Decir que la ciencia no puede tener valor objetivo
porque no nos hace conocer más que relaciones, significa razonar al revés, puesto que, precisamente, son las
relaciones las únicas que pueden ser consideradas como
objetivas.

Por ejemplo, los objetos exteriores para los cuales ha
sido inventada la palabra objeto, son justamente objetos
y no apariencias fugitivas e inasibles, porque no son

(*)   Empleo aquí el vocablo real como sinónimo de objetivo; concuerdo
así con el uso común. Acaso no tenga razón; nuestros sueños son reales,
pero no objetivos. (Nota el autor.)

sólo grupos de sensaciones, sino grupos unidos por un vínculo *constante*. Sólo este vínculo es objeto en ellos, y este vínculo es una relación.

Por lo tanto, cuando preguntamos cuál es el valor objetivo de la ciencia, eso no quiere decir: «¿nos hace conocer la ciencia la verdadera naturaleza de las cosas?», sino «¿nos hace conocer las verdaderas relaciones de las cosas?».

A la primera pregunta nadie hesitaría en responder no, mas creo que se puede ir más lejos; no solamente la ciencia no nos puede hacer conocer la naturaleza de las cosas, sino que nada es capaz de hacérnosla conocer, y si algún dios la conociera, no podría encontrar palabras para expresarla. No solamente no podemos adivinar la respuesta, sino que si nos la dieran, no podríamos comprender nada; me pregunto aún si comprendemos bien la cuestión.

Entonces, cuando una teoría pretende enseñarnos qué es el calor, o la electricidad, o la vida, está condenada de antemano; todo lo que puede darnos no es más que una imagen grosera. Es pues, provisional y caduca.

Estando fuera de discusión la primera pregunta, queda la segunda. ¿Puede la ciencia hacernos conocer las verdaderas relaciones entre las cosas? ¿Debería ser separado lo que ella acerca y acercado lo que ella separa?

Para comprender el sentido de esta nueva pregunta es necesario transportarse mentalmente a lo que hemos dicho más arriba sobre las condiciones de la objetividad. ¿Tienen un valor objetivo esas relaciones? Esto quiere decir: ¿son las mismas para todos, esas relaciones? ¿Serán todavía las mismas para los que vengan después de nosotros?

Ciertamente que no lo son para el sabio y para el ignorante. Pero poco importa, pues si el ignorante no las ve en seguida, el sabio puede llegar a hacérselas ver por una serie de experiencias y razonamientos. Lo esencial es que hay puntos sobre los cuales todos los que están al corriente de las experiencias hechas, pueden ponerse de acuerdo.

La cuestión es saber si este acuerdo será duradero y si persistirá entre nuestros sucesores. Uno puede preguntarse si las relaciones que establece la ciencia de hoy serán confirmadas por la ciencia de mañana. Para afirmar que será así no se puede invocar ninguna razón *a priori;* es una cuestión de hecho y la ciencia ha vivido ya bastante para que, interrogando a su historia, se pueda saber si los edificios que levanta, resisten la prueba del tiempo, o si no son más que construcciones efímeras.

Ahora bien, ¿qué vemos nosotros? A primera vista, nos parece que las teorías no duran más que un día y que las ruinas se acumulan sobre las ruinas. Un día nacen, el día siguiente están de moda, al otro día son clásicas, al tercer día son anticuadas y el cuarto se las olvida. Pero si se mira de más cerca, se ve que lo que sucumbe así son las teorías propiamente dichas, las que pretenden enseñarnos qué son las cosas. Pero hay en ellas algo que sobrevive muy a menudo. Si una nos ha hecho conocer una relación verdadera, esta relación está adquirida definitivamente y se la volverá a encontrar bajo un disfraz nuevo en las teorías que vendrán sucesivamente a reinar en su lugar.

No consideremos más que un ejemplo: la teoría de las ondulaciones del éter nos enseñaba que la luz es un movimiento; hoy la moda favorece a la teoría electromagnética que nos enseña que la luz es una corriente. ¿No examinamos si se podía conciliarlas, diciendo que la luz es una corriente y que esa corriente es un movimiento? Como en todo caso es probable que ese movimiento no fuera idéntico al que admitían los partidarios de la antigua teoría, podría creerse con fundamento para decir que esa antigua teoría está destronada. Sin embargo, queda algo de ella, puesto que entre las corrientes hipotéticas que admite Maxwell hay las mismas relaciones que entre los movimientos hipotéticos que admitía Fresnel. Hay, pues, algo que queda en pie y ese algo es lo esencial. Esto explica por qué se ve a los físicos actuales pasar sin dificultad alguna del lenguaje de Fresnel al de Maxwell.

Sin duda, muchas de las relaciones que se creían bien establecidas, han sido abandonadas, pero el número más grande subsiste y parece que debe subsistir. Entonces, ¿cuál es para ellas la medida de su objetividad?

Y bien, es precisamente la misma que para nuestra

creencia en los objetos exteriores. Estos últimos son reales, porque las sensaciones que nos hacen experimentar aparecen unidas entre sí por no sé qué cemento indestructible, y no por el azar de un día. Del mismo modo, la ciencia nos revela otros vínculos más tenues pero no menos sólidos entre los fenómenos; son hilos tan delgados que han permanecido inadvertidos durante mucho tiempo, pero desde que se los ha observado, ya no hay manera de no verlos; no son, pues, menos reales que los que dan su realidad a los objetos exteriores y poco importa que sean más recientemente conocidos, puesto que unos no pueden perecer antes que los otros.

Por ejemplo, se puede decir que el éter no tiene menos realidad que un cuerpo exterior cualquiera; decir que este cuerpo existe significa que hay entre el color del cuerpo, su sabor, su olor, un vínculo íntimo, sólido y persistente; decir que el éter existe significa que hay un parentesco natural entre todos los fenómenos ópticos. De las dos proposiciones, una no tiene, evidentemente, menos valor que la otra.

Además, las síntesis científicas tienen en un sentido más realidad que las del sentido común, puesto que comprenden más términos y tienden a absorber en ellas las síntesis parciales.

Se dirá que la ciencia no es más que una clasificación, y que una clasificación no puede ser verdadera sino cómoda. Es verdad que es cómoda; es verdad que lo es no solamente para mí, sino para todos los hombres; es verdad que permanecerá cómoda para nuestros descendientes; es verdad, en fin, que eso no podrá ser por casualidad.

En resumen, la única realidad objetiva son las relaciones entre las cosas, de las que resulta la armonía universal. Sin duda, esas relaciones, esa armonía, no podrán ser concebidas fuera de un espíritu que las conciba y que las sienta. Pero, sin embargo, son objetivas porque son, llegarán a serlo o permanecerán comunes a todos los seres pensantes.

Esto nos permitirá volver sobre la cuestión de la rotación de la Tierra, lo que nos suministrará, al mismo tiempo, ocasión para aclarar lo que precede, con un ejemplo.

7. — *La rotación de la Tierra.*

«...Desde entonces, he dicho en *La ciencia y la hipó-tesis* ([71]), esta afirmación «la Tierra gira» no tiene nin-gún sentido..., o mejor, estas dos proposiciones: «la Tierra gira» y «es cómodo suponer que la Tierra gira», tienen un único e idéntico significado.

Estas palabras han dado lugar a las interpretaciones más extrañas. Se ha creído ver allí la rehabilitación del sistema de Ptolomeo y, acaso, la justificación de la condena de Galileo.

Sin embargo, los que han leído con atención todo el volumen, no podían equivocarse. Esta verdad: «la Tierra gira», se encontraba en las mismas condiciones que el postulado de Euclides, por ejemplo, ¿significaba eso rechazarla? Pero hay más, en el mismo lenguaje se dirá muy bien: estas proposiciones «el mundo exte-rior existe» o «es más cómodo suponer que existe», tienen un único e idéntico significado. Así la hipótesis de la rotación de la Tierra conservaría el mismo grado de certeza que la misma existencia de los objetos exte-riores.

Pero después de lo que acabamos de explicar en la cuarta parte, podemos ir más lejos. Hemos dicho que una teoría física es tanto más verdadera cuando pone en evidencia más relaciones verdaderas. A la luz de este nuevo principio, examinemos la cuestión que nos ocupa.

No, no hay espacio absoluto; estas dos proposiciones contradictorias: «la Tierra gira» y «la Tierra no gira» no son, pues, cinemáticamente, más verdadera una que otra. *En el sentido cinemático*, afirmar una negando la otra sería admitir la existencia del espacio absoluto.

Pero si una nos revela relaciónes verdaderas que la otra nos disimula, se podrá, sin embargo, considerarla físicamente más verdadera que la otra, puesto que tiene un contenido más rico. Ahora bien, con esta considera-ción, ninguna duda es posible.

He ahí el movimiento diurno aparente de las estrellas y el movimiento diurno de los otros cuerpos celestes; por otra parte, el achatamiento de la Tierra, la rotación

---

([71])   Op. cit., cap. VI.

del péndulo de Foucault, la rotación de los ciclones, los vientos alisios, ¿qué sé yo, además? Para el ptolemaico, todos esos fenómenos no tienen ningún vínculo entre sí; para el copernicano son engendrados por una misma causa. Diciendo que la Tierra gira afirmo que todos esos fenómenos tienen una relación íntima, y eso *es verdadero* y permanece verdadero aunque no haya ni pueda haber espacio absoluto.

Todo eso para la rotación de la Tierra sobre sí misma; qué decir de su revolución alrededor del Sol. Aquí todavía tenemos tres fenómenos físicos que para el ptolemaico son absolutamente independientes y que para el copernicano no están referidos a un mismo origen: son los movimientos aparentes de los planetas sobre la esfera celeste, la aberración de las estrellas fijas, la paralaje anual de esas mismas estrellas. ¿Obedece a la casualidad el que todos los planetas admiten una desigualdad cuyo período es de un año y este período es precisamente igual al de la aberración y aun precisamente igual al de la paralaje? Adoptar el sistema de Ptolomeo es responder sí; adoptar el de Copérnico es responder no y afirmar que hay un vínculo entre los tres fenómenos, y todavía eso es verdad aunque no haya espacio absoluto.

En el sistema de Ptolomeo, los movimientos de los cuerpos celestes no pueden explicarse por la acción de las fuerzas centrales; la mecánica celeste es imposible. Las relaciones íntimas que la mecánica celeste nos revela entre todos los fenómenos celestes son relaciones verdaderas; afirmar la inmovilidad de la Tierra sería negar esas relaciones y, por consiguiente, sería engañarnos.

La verdad, por la cual ha sufrido Galileo, permanece, pues, verdad, aunque no tenga completamente el mismo sentido que para el vulgo y su verdadero sentido sea mucho más sutil, profundo y rico.

8. — *La ciencia por la ciencia.*

No voy contra Le Roy al querer defender la ciencia por la ciencia; es quizá lo que él condena pero cultiva, puesto que ama e investiga la verdad y no podría vivir sin ella. Pero tengo que hacer algunas reflexiones.

No podemos conocer todos los hechos y es menester

elegir los que son dignos de ser conocidos. Si se creyera en Tolstoi, los sabios harían esta elección al azar, en lugar de hacerlo, lo que sería razonable, teniendo presentes las aplicaciones prácticas. Al contrario, los sabios creen que ciertos hechos son más interesantes que otros, porque completan una armonía inacabada, o porque hacen prever un gran número de otros hechos nuevos... Si no tienen razón, si esta jerarquía de los hechos que postulan, implícitamente, no es más que una vana ilusión, no podría haber ciencia por la ciencia y por consiguiente no podría haber ciencia. Por mi parte, creo que tienen razón y, por ejemplo, he mostrado antes cuál es el alto valor de los hechos astronómicos, no porque son susceptibles de aplicaciones prácticas, sino porque son los más instructivos de todos.

Sólo por la ciencia y por el arte valen las civilizaciones. Uno se ha asombrado de esta fórmula: la ciencia por la ciencia, y sin embargo, eso vale como la vida por la vida, si la vida no es más que miseria, y aun la felicidad por la felicidad, si no se cree que todos los placeres son de la misma calidad, si no se quiere admitir que el fin de la civilización sea el suministrar alcohol a las gentes que gustan beber.

Toda acción debe tener un fin. Debemos sufrir, trabajar, pagar nuestro lugar en el espectáculo; pero es para ver o, por lo menos, para que otros vean un día. Todo lo que no es pensado es la nada pura, puesto que no podemos pensar que el pensamiento y todas las palabras de que disponemos para hablar de las cosas no pueden expresar más que pensamientos; decir que hay otra cosa en el pensamiento es, pues, hacer una afirmación que no puede tener sentido.

Y no obstante — extraña contradicción para los que creen en el tiempo — la historia geológica nos muestra que la vida sólo es un corto episodio entre dos eternidades de muerte y que, en ese mismo episodio, el pensamiento consciente no ha durado ni durará más que un momento. El pensamiento no es más que un relámpago en medio de una noche larga.

Pero este relámpago lo es todo.